大展好書 好書大展

大展好書 好書大展

心靈雅集
65

迴向與開悟

劉欣如／編著

大展出版社有限公司
DAH-JAAN PUBLISHING CO., LTD.

目錄

迴向偈

願以此功德
莊嚴佛淨土
若有見聞者
悉發菩提心
安穩充法喜
常行菩薩道
增長諸福慧
圓滿勝善根

序章　心的三角形

1 空與慈悲

「因為沒有才格外明白」

一九六九年元月舉行「四天團交」。東京發生大學生罷課、佔領教室，和不讓教授上課等層出不窮的糾紛，這陣浪潮擁到京都大學時，適逢文學院舉行教授會議，學生們紛紛闖入，迫使五十幾位教授和一百多位學生，在會議室展開四天三夜的論戰。

當時，有好多位教授和副教授在第二次大戰期間，都有過沈痛的體驗，在學生們責問之下，許多人紛紛談起自己當年在戰爭期間的事。這時候，日本社會的繁榮和平到了極限，而在這次的大學紛爭裡，教授們居然想起戰爭的回憶，實在讓人納悶，相反地，那群大學生的反應更微妙、更奇怪。

只聽他們紛紛表示：「戰爭的話題，不必說了。」「我們聽煩了」。這時候，教授們目瞪口呆，一時說不出話來，之後，又有兩、三位教授被問到問題時，依然舊話重提。

第三天晚上，我的心情很惡劣，回憶自己活了大半輩子、根本不曾有過頭痛的經驗，反而現在覺得頭昏眼花，胸部有一陣沈重的壓迫感。最明顯的是，思想凝固、聽到別人的爭論，也無心去思考和爭辯。

無如，腦海裡反覆湧起剛才的話題，耳際間響起一首詩的片斷：

災禍與幸福相加減
答案是沒有餘額
因為沒有才格外明白
也才能通達大慈與大悲

這是日本詩人大木惇夫的傑作，我經常在誦唱這幾句。

在那次大學紛爭中，我坐在一名學生領袖的身邊，竟忍不住說，自己身體有些不對勁。他說，既然這樣，老師不妨回去看醫生好了。因為那個學生跟我很熟，當年我擔任過他的家教。於是，有兩位學生走向前來，扶著我在深夜叫計程車來護送我回去。

次日清晨，我去附近醫院看醫生，血壓高達二一五。才不得不睡一整天，而沒有參加那陣會議。

在一輩子裡，有些話只要聽過一次，或讀過一遍，便終身難忘，它偶而還會湧現出來。依我看，如果能聽到稍多的話，讓人一輩子細嚼，以至於死，這種人生才算豐富。每當我誦唱大木惇夫的詩句時，總會有一種感想，至並於感受內容是什麼？我也不太明白。但是，我敢說這一輩子只要能實際感受這段詩意，就心滿意足了。

三角形的底邊

「那麼，你們在戰爭期間為什麼不反戰呢？」

在那陣大學紛爭裡，學生們紛紛這樣反唇相譏。仔細一想果然沒錯，那些政客、高級將官和政治人物，為了自身的安全，到底有多少人在戰時會思考戰爭的事情呢？在極限狀況下，世人通常不會考慮戰爭與和平的事，只會被迫走上戰場，至死方休。

當年服兵役時，我內心不斷想起木村無相關於三角形的論點。我剛到軍隊時，有「妙好人」之稱的木村無相描畫了一個三角形。他在三角形的頂端寫「

天皇」兩個字，而在底邊的左端寫著「空」，右端寫著「慈悲」，底邊寫上「阿彌陀佛」。

雖然，那時除了為天皇而死，簡直沒有其他活路，但是，我卻永遠皈依「阿彌陀佛」。這個三角形的意思說，反正人間的事情就是如此，經常不動搖。任何人都一樣。總會為了什麼而死。例如，為了女人，為了金錢、名望、工作、國家或為主義而死。

反正就是這樣子，但最要緊的是，人死去不在三角形的頂點，若要自己不死，就要在三角形的底邊了。

日本有一位名人久松真，一在晚年時告訴家人說：

「我一定不會死。」

「家人聽到我說，好像都覺得奇怪。」每當我去拜訪他時，他常常笑著告訴我。我的底邊是空與慈悲的阿彌陀佛。大木惇夫的詩句又在我的耳際間響起來了：

因為沒有才格外明白
也才能通達大慈與大悲。

2 加持與迴向

惡魔式的「頂替」詭計

日本作家小泉八雲有一篇小品文叫做「戰略」，我常常回味它的內涵，覺得很有意思。

※　　※

且說一個漢子因為愚蠢犯錯，被主人痛責一頓，之後向自己主子的侍衛埋怨叫喊，因為那個主人要殺他。他說，如果某人因為愚蠢，而必須被殺的話，那麼，他一旦要砍我的頭，我一定用恨來回報他。

那個侍衛說，你不妨表現痛恨的證據給人看，例如，斷頭之後，把眼前的飛石咬得緊緊。

那個漢子在咬牙切齒，憤憤不平之下，被砍下頭顱了。只見那個頭顱居然滾翻到一塊石頭旁邊。之後突然跳起來咬住石頭上端，拚命纏著不放，片刻後才掉下來。

那群僕人看了很害怕，央求主人給予施餓鬼。但侍衛說沒用，並說明不會波及別人的理由。

那個漢子臨死前，的確意志堅決，咬牙切齒，他說為了完成這個目的，自己會展現證據出來。他一心一意咬住石塊，那顆心其實死了，僅此而已。其他什麼事情都忘記了。

後來，有人說某教派的修行人，修行到某個階段時，設下一條陷阱，要將自己的罪業來交換別人的福業。於是，這個修行人就暫時收起自己的學識與宗教的誓願，走到街上，在眾人環視之下，故意全身震動，調戲婦女，胡言亂語。當然，這種舉止都會招人怨恨、侮辱和謾罵。

因為這些表現都是偽裝的，其間，那些詛罵者的功德便轉到修行人身上，而修行人的餘罪也轉到一般人身上了。這樣一來，他顯然盜竊別人的功德，來洗滌自己的心。

※　※

這則故事指出罪人咬住石頭，表達自己的怨恨，而侍衛把他這股意願更換了。還有後面一則故事指出，修行人把侮辱自己那群人的福德，跟自己的罪相互頂替。一方面表示，同一個人的憎恨會奇蹟地改變更換；另一方面表示，一個人可以把福德轉移到別人身上，就「頂替」這一點來說，無疑是一樣。不過，話又說回來，兩則故事的目的都是自私自利，堪稱惡魔式的「頂替」或「交換」。

加持——變化或更換

小泉八雲的故事到底從哪兒來的？我們不清楚，但是，所有宗教都有很多例子指出，某人為了把某種強烈的意欲，和誓願的真實性，變成證據展現出來，就常常用超能力引發奇蹟。印度的古典文學裡，也有不少故事說，有些婦女為了證明自己的貞潔，結果投身烈火裡也不會被燒焦。

佛教所謂「加持」，也屬於這種情形。例如，菩薩為了要表示自己有一股成佛的不退轉意志和決心，並想展現這個證據，便走到村子的火堆旁邊說，如果自己沒有撒謊，這股烈火就應該熄滅，剎那間，火勢果然熄掉了。這就表示自己的誓願千真萬確，才會出現奇蹟把火勢熄掉，算是加持的一種。

依照日本佛學者渡邊照宏的解釋，加持是：「佛和菩薩為了守護和教化眾生，能從慈悲心裡生起一種超自然現象，不論神、人都有這種超能力、含有誓願（祈願）、奇蹟和恩寵等意思。」

法華經有一位常不輕菩薩，據說他得到六根清淨（產生六識的六個感官—眼、耳、鼻、舌、身和意，總稱為六根，靠福德來清淨）時，要靠加持來延長自己的壽命，再活到幾百萬億年，弘揚法華的法門。

換句話說，這個加持是用一種神通力，把六根清淨的德性，變換為無限的壽命。

本書將會提到佛陀把自己的福業（累積善行所得的功德），更換成無限壽命，這可以解作「廻向」的一種。換句話說，加持可說是廻向的一種形式，把某種德性變成其他東西。

「廻向」的兩種定型

在大辭典『廣辭苑』裡，提到廻向（回向）有四種。其間，有兩種談到彌勒。⑴「轉動彌勒的功德（阿彌陀佛在修行時代所累積的行為價值），資助眾生往生極樂世界」。(2)「轉動善行，資助眾生往生極樂世界。」

迴向不一定關於阿彌陀佛，上面的說明卻指出迴向的兩種類型。阿彌陀佛將自己的功德，轉給周圍受苦的眾生，這表示佛陀把功德移到眾生身上。這種運作跟上述那群嘲笑修行人的功勞，轉移到被嘲笑的修行人身上一樣。姑且將這種行為叫做「方向轉換的迴向」。

另一方面，『廣辭苑』的第(2)項說明是，信徒把自己的善行福德，轉變成極樂往生的另一種東西。這時候，信徒的福德就被改變成極樂往生，而不是把功德從一個人身上轉到別人身上。善行是指世間的道德，而這項果報為今世的幸福，也就是把它轉變成另一類不同東西——即極樂往生，屬於出世間性質、超越善惡福禍那種覺悟境界。

這跟小泉八雲那則故事性質一樣，將罪人的怨恨，轉變成一種咬緊石頭的超能力。這種迴向叫做「內容轉換的迴向」。若肯仔細一想，便知道上述的加持跟內容轉換的迴向相同。

至於上述侍衛跟修行人的超能力，算是惡魔的迴向。通常所謂的迴向是，指阿彌陀佛，或一般神人透過善意和慈悲所引起的奇蹟。以後所要說的迴向是指後者，純粹靠善意與慈悲所引起的。

3　業報與空

阿彌陀佛——恩寵的宗教

在中、日兩國的佛教裡，有許多人認為禪與念佛是佛教兩條對立的途徑。禪是聖道門，而念佛是一字不識的蠢漢和惡徒也能得救的途徑——淨土門。禪這條路要靠自身的力量得悟，而念佛算是阿彌陀佛的恩寵，換句話說，要仰賴他人的力量才能得救，習慣上認為兩種途徑是佛教界不能相容的不同宗門。

當然，這在佛教史上有相當的理由，那就是中國式與日本式的變化。禪的起源要追溯到『般若經』，而念佛的起源要溯及『大阿彌陀佛經』（《無量壽經》古譯）。如果比較這兩種思想在印度的情形，無疑是同根同種。

阿彌陀佛的信仰，堪稱一門廻向的宗教。印度的業報思想主張，善行必然會給本人帶來幸福，而惡行也必然會給本人帶來不幸。這條鐵般的規則，連諸神、佛陀和聖者都改變不了。

但是，當初阿彌陀佛還在修行菩薩道時，為了救渡芸芸眾生，曾經發誓要建設極樂淨土，之後，他成就兆載永劫的修行，成佛為極樂世界的主人了。然而，如果依據業報法則，有些壞人除了下地獄，別無他途可尋，而阿彌陀佛要將自己的修行功德轉給他們，要讓他們也能往生，也能成佛作祖。

這正是一門打破和超越業報鐵則的恩寵宗教。在佛教裡，恩寵也能用廻向一詞來表示。

空與不二

但是，最先採用論理方式來討論廻向這句話和思想的，首推『般若經』裡那套空的思想。當然，在『般若經』以前，也到處可見廻向觀念。無如，這種觀念發展到定形以後，才在『八千頌般若經』裡叫做廻向。

空就是一切事物都沒有永恒不變的本性。倘若事物能夠不變，或永遠存續下去，照理說，它就不會有生、滅和存在了。因為生起，存在和消滅等，全都會有變化。

換句話說，萬物都沒有固定的實體與本性，才會叫做「空」。事物都有其原因和條件才會生起，一旦原因和條件消失，事物也只有消失而已。

空的思想必然會導致不二思想的產生。倘若A沒有實體，B也缺乏實體的話，那麼。A與B都會等於沒有實體的空性，既無差別，也不能分開。換句話說，它們就是不二狀態。

乍見下，兩者互相對立，但本質上是不二，例如，煩惱與覺悟，都是空性，故屬於不二。依據業報而來的生死流轉——輪迴和涅槃（從業報輪迴得到解脫），兩者既不能分別，也是不二的東西。

來自業報的解放

事實上，『般若經』是敘述怎樣超越業報法則？怎樣從業報中得到解放？紀元前的印度人，被業報輪迴的觀念束縛得很緊，而那種觀念卻深入當時的社會裡。世人承受幸福與不幸的果報，完全依照善惡的行為，並在地獄、餓鬼、畜生、阿修羅、人間和地界等六道生存下去、生生死死，輾轉不息。

這種輪迴或流轉，不會有結局。縱使有許多善行能夠出生天上界，只要自身的善行價值享盡，死後照樣要出生到地獄或人間。經歷六種世界（六道輪迴）不但飽嘗苦惱，也無法從業報理論裡找尋任何解脫，和絕對安寧的途徑。

阿彌陀佛就是透過這項恩寵——迴向，要把眾生從業報輪迴的苦海中救渡出來。『般若經』提到芸芸眾生的行為與果報也是空性，進而提及輪迴與涅槃等於一種東西，並教示我們怎樣超越業報法則？阿彌陀佛或空的思想，都是要把芸芸眾生從業報裡解放出來，目的完全一樣。

更重要的是，迴向思想必須建立在空的論理上。迴向是把善行的果報，或今世的幸福做內容上的轉換，將它轉變成一種極樂往生或覺悟等超世間的情形，或將自己的功德做方向性改變，轉讓予別人。反正兩者都打破業報法則。

然而，這種功德內容或方向轉換，在本質上，不論業與果都沒有實體，正因為它屬於空性，才有轉換的可能。阿彌陀佛所以能把自己的功德轉換給迷惑的眾生，在於佛和眾生都是空性，都是不二的性質。眾生所以能把自己的善行功德轉換成覺悟，也是因為功德與覺悟都是空性，和不二的緣故。由此可見，空的思想就是把迴向思想變成一套論理或邏輯。

4　大乘佛教的成立

西亞文化的影響

輪迴觀念興起於紀元前六世紀左右。佛教的開山祖師釋迦牟尼事實上是否接受或容納輪迴說，我們並不很清楚。反正歷經好幾世紀，到了紀元前後，業報輪迴的說法束縛了印度人。它終於在印度社會確實鞏固下來。世人要承受永遠的苦惱，難逃輪迴轉世的束縛。

正好此時，正確地說，從紀元前二世紀起到紀元後二世紀初，有一股外國勢力逐斷侵入印度西北部。例如，希臘人、薩卡人、波斯人，還有中亞的大月氏逐斷席捲印度西北，這股暴逆的來臨，把印度社會送入一片混亂中，生靈塗炭，叫苦不迭。

在此以前，印度宗教包括婆羅門教、佛教和耆那教，都在教導世人怎樣從輪迴裡求解脫？殊不知這些都是透過冥想的神秘直觀所形成的救渡，為了斷絕煩惱與無知，紛紛要求大家要致力高度與長期間的研究學問，冥想與苦行。其實，這種過程只有少數宗教首領，長期不斷努力才能做到。

另一方面，當時的印度百姓，目睹侵略者掠奪田園，殺光了家畜、家破人亡、妻離子散，無不哀嘆這種悲慘的命運，道德淪亡也讓社會一片混亂，處境非常危險。

對他們來說，要靠學問和修行，斷除煩惱與無知，來成就聖者，或靠長期冥想來得到神秘的智慧，統統都是理想，實際上做不到。世人滿身罪惡，央求有什麼神出來救出自己，早日脫離苦境。

然而，戰亂也給印度帶來了西亞的文化。不但有波斯文化，連帶希臘和埃及文化都進入印度了。例如，波斯拜火教那套光明與正義之神的救濟理論，也波及整個印度社會，而那些都是以前印度人毫不知情，屬於創造與恩寵之神的宗教。

在文獻上無法證明拜火教給予印度宗教的直接影響，但從紀元前六世紀起，印度世界跟波斯帝國有了來往，亞歷山大大帝東征以後，東西方的交流加快，再從紀元前二世紀以後，西亞和中亞諸民族侵入印度，如果想到這些，就一定會明白印度宗教到底受到西亞宗教的那些影響了。

依我看，大乘佛教的成立，尤其，印度出現阿彌陀佛的信仰，和空的思想得以開展，西亞的宗教的確給予巨大的影響，即使在形式上缺乏直接性的教義傳播。

阿彌陀佛的信仰與空的思想

阿彌陀佛的信仰和空的思想，彷彿大乘佛教這部車子的兩個輪子，它朝著一個目的發展，這跟怎樣超越業報輪迴的思想一樣，而它所以能夠成立，得力於紀元前後，有外族入侵印度，和西亞文化的流入，我想，這一點也要在本書裡稍微談一下。

西亞的宗教與文化，不僅影響印度而已，也影響到西方的猶太教和基督教。在那個時代，希臘、中東、波斯和印度等地，共同擁有同一種世界文化。為了舉例證明這個史實，不妨看看佛陀傳與耶穌福音書之間，存在不少互相呼應的故事和寓話。

然而，以下所說的順序，跟序言內容相反。我先從佛陀傳與福音書的比較開始。談到兩者類似的理由，以為西亞文化波及印度的經過。

當時即紀元前後，外國勢力入侵印度，致使印度社會混亂不休，印度人熱烈渴求新宗教，這些都會在本書中敘述。在這種情況下，佛教裡，阿彌陀佛的信仰與空的思想才會萌芽，並成立大乘佛教，這些過程都在討論之列。

第一章　佛陀與耶穌

1 處女懷胎

巴利文正典與聖經文獻學

在錫蘭流行的『南傳大藏經』是用巴利文寫的，那是印度中期阿利亞人的語言。從十九世紀初期開始，一批歐洲學者就著手研究這部巴利文的佛教文獻，和梵文的文獻了。

最先研究巴利文在一八二〇年，起自一位著名的梵文學者——E・畢魯奴夫。到了一八七〇年代，終於完成密那埃夫的巴利語文法，和吉爾達斯的巴利語辭典了。一八八一年，李斯戴衛斯創立巴利文教會。

許多學者開始在這種基礎上努力經營，到了十九世紀末期，巴利佛典的研究才有了飛躍性的進步。

他們研究巴利文佛經，只想把佛教教祖——釋迦牟尼佛的傳記介紹到歐洲去。讀過佛陀傳記以後，蒙受最大衝擊的人，是那批歐洲聖經的文獻學者。因為他們發現聖經上記載耶穌生平的故事，居然跟佛陀傳之間有許多類似，才使他們決心搜集兩者相關的故事。

大約在西元五〇～一五〇年前後，『新約聖經』才形成一種文化。但在另一方面，依據錫蘭史書所記載，佛陀可能早已存在紀元前四八六年左右，也活到八十歲圓寂。當然，那群聖經的文獻學家難免會疑心，耶穌生平的許多故事，豈非取自佛陀傳記？他們希望聖經上若干解讀困難、意思難懂之處，可否參照佛陀傳記來理解呢？

於是，到了十九世紀末期，一群歐洲的聖經學者和印度學者們，終於熱烈地研究和比較佛陀傳和聖經。起初，他們深信佛陀比耶穌早出生幾個世紀，那麼，佛陀傳記也當然比耶穌更早了。這種想法當然不會離譜。其實不對，原因是，我們知曉不少的佛陀故事，都是佛陀死後幾世紀才由後人編造的，也有相當數量跟『新約聖經』同時出現，甚至到以後才成立，這種認知直到二十世紀初期才明白。

因此，在研究和比較初期佛陀傳，與聖經方面，就會有不少認知上的錯誤。現在舉出一例，並介紹艾德蒙斯的錯覺。

「雅馬卡神變」

一九〇四年，艾德蒙斯跟一位日本學者——姉崎正治共著一本書：『佛教與基督教的福音』，這本英文書在東京出版。也許書裡有不少錯誤，才使艾德蒙斯在一九〇八年再出版修訂本。這位作者又出版一冊小書，書裡引用『郁哈納福音』的聖經文句，以及佛教經文，兩者互相對照，結果發現佛陀傳的「雅馬卡神變」、跟「郁哈納福音」之間很類似，不妨介紹出來參考。

「在祭祀結束的最要緊那一天，耶穌站起來大聲說道：『只要口渴的人，誰都可以來我這裡喝水。』誠如聖經（指舊約）上所說，凡是相信我的人，體內會流出水，好像河川一樣湧出來。」

艾德蒙斯從「小部經典」的『無礙解道』（Paṭisambhidā-magga,1.53）裡，引述「雅馬卡神變」，同時指出如來的上身噴出火花，下身流出水來，又從下身噴出火花，上身流水，這些部份跟上述「福音」那段話——「凡是相信我的人，體內流出的水，會像河川一樣」相互對應，而他們對於聖經文獻學上這段話，始終無法理解，如今看見「雅馬卡神變」的引文，才恍然明白是怎麼回事？

不過，在一群聖經學者和印度學者裡，幾乎沒有人贊成或注意艾德蒙斯的話，而這個例子以後也一直被人忽視。原因是「郁哈納福音」裏，在上述引用文句的後面，還有一段話是：「耶穌說過，凡是相信我的人會得到聖靈。」因此，凡是信仰耶穌的人，體內的水即是聖靈的意思。

反之，「雅馬卡」的意思是：「兩個，一對，成雙」，倘若水與火不能成對出現，就不算「雅馬卡」了。只從體內出水，就只是「雅馬卡神變」了。憑良心說，這樣的類似好像不能成立，但也足見艾德蒙斯的勇氣殊屬可嘉。

摩耶夫人與處女性

也許有些基督徒懂些印度社會，所以，自古以來就聽說佛陀的母親是一位處女。希埃洛尼姆斯（三四七—四一九年）說，異教徒也有處女懷胎的傳說，而佛陀是從處女的脇腹生下來。

一八二〇年代，柯邊說，蒙古佛教徒好像很重視摩耶夫人的處女特性。甚至連塞納爾也在一八七四年寫書指出，蒙古人很看重佛陀的母親是處女這段教義，由於它的存在才引發各種不同版本。

柯邊和塞納爾雖然明白印度與西藏的傳說裡，只提到佛陀的母親——摩耶夫人懷孕前，有過很長期間遵守齋戒，而不曾跟丈夫同床，而且佛陀也從母親的右脇出生，不曾被污血與體液弄髒，但是，他們似乎認為蒙古人也有處女懷胎的傳說。

柯邊和塞納爾所以會相信蒙古人的處女懷胎說，可能是蒙古人的傳說重視這一點，而A·玖瑪到底從哪兒得到這種消息呢？當他撰寫這篇論文時，正在一八二四年出版庫拉普洛特的書——『蒙古書上的佛陀生涯』，其間明確提到淨飯王跟摩耶夫人結婚，由於她是處女，也在神聖的影響下懷胎了。

然而，這段話在印度版的庫拉普洛特的論文裡，並無「她是處女」這句話。顯然，這是譯書者插入的句子。之後，幾位學者的出書裡，也不曾說佛陀的母親是處女懷胎的事。

以上的話只是關心摩耶夫人處女懷胎的歷史，也是E·J·湯瑪斯探查的結果，然而，這段誤解卻刺激了歐洲學者，不久，也驅使他們正式研究佛陀傳和福音書的比較問題。

佛陀誕生

佛陀從兜率天（十六或十八的天上世界之一）降臨到世間，此項古老傳說出現在『經集』第九五五偈語。有些佛陀的誕生故事，以相當簡潔的形式出現者，計有「中部經典」（第一二三經）、「長部經典」（第一四經）等巴利文正典，至於更成熟而完整的形式，則有『大事』（Mahāvastu），『方廣大莊嚴經』（Lalitavistava）等，基本架構大體不變。

雖然，佛陀的前身是菩薩，他住在兜率天上，但是，他有充分的自覺與認識，才誕生這個人間，讓全世界充滿光明和震動之餘，便進入摩耶夫人的娘胎。那時，夫人嚴守齋戒，對男人沒有任何情慾。當菩薩進入娘胎時，母親沒有病痛、身心健康，而看得見自己胎內有四肢健全的菩薩。

十月懷胎之後，母親站著生產，致使菩薩身上不會沾上污血和痰水，還算很清淨。天落溫水和冷水，把母子沖洗乾淨。菩薩降世後，向北走七步，環視十方，開口宣稱我是世界之首，至高無上的尊者，這次是我最後一次誕生，以後再也不到世間來了。

『本生經』的序文上說，菩薩化身一頭白象，從兜率天下來進入娘胎。『方廣大莊嚴經』上說，摩耶夫人早在受胎前，就已經嚴守齋戒，並向丈夫淨飯王央求，以後長期間不要來親密。在『大事』上說，這段期間內，夫人對丈夫也不再有性慾，當菩薩從母體右脇生下來時，也不曾傷害到母體，一切都順利和平安。

告知受胎

在佛陀誕生的故事方面，當然也有類似天使通知聖母瑪利亞受胎的資訊。雖然到了二十世紀，艾德蒙斯也說到瑪利亞的處女懷胎故事影響到印度，尤其是天使通知瑪利亞那句話。當瑪利亞知道自己受胎時，不禁奇怪地問：「怎麼啦？竟會有這種事？我根本不懂男人的事哩。」

天使答道：「聖靈降臨到你身上，應該是至高的力量籠罩著你吧？」

誠如上述，菩薩懷著正念和正知，從兜率天下凡，進入娘胎裡。這段話也存在巴利文的正典裡，也許是基督教以前的古老部份。它的確類似聖靈下降的故事。但在另一方面，摩耶夫人卻有過婚姻生活，而不是處女，跟瑪利亞的情形不同。縱使在受胎前，有過相當節制的性慾活動，誠如湯麥斯所說，倘若不接觸丈夫而受胎，即使這一點談不上單性生殖（Parthenogenetic），卻也不能說處女懷胎才對。

2　佛陀傳與福音書的比較研究

一群先驅者

上述歐洲人關心摩耶夫人的處女懷胎說，屬於學問前的階段。以艾德蒙斯為首，從前世紀起到本世紀初，即使著述頗多，也仍舊屬於幻想式，而不一定是學術性研究。然而，也幸有這段學問前期的關心，才能靠這種背景，展開正式的佛陀傳和福音書的比較研究，並有些書出版。

柴德爾在『耶穌福音與佛陀關係』（一八八二年）一書裡，蒐集五十件福音書與佛陀傳故事相互對應的例子。芳德貝爾克在『印度對福音書故事的影響』裡（一九〇四年），也蒐集十五件對應例子。他的著作成了後來比較和研究的基礎。還有華貝爾的『佛教與新約聖經故事』（一九一三年）算是很傑出的研究，處理十件對應的例證。

E・J・湯麥斯在『佛陀生涯』（一九二七年）裡，有一章是「佛教與基督教」，其間談到昔日的研究史，並檢討十六件對應例子。不僅如此，他在全書裏還一面比較福音書，也一面描述佛陀的生涯。他這本佛陀傳記參照週詳的文獻學知識，無疑是這方面最高的成就者。

誠如湯麥斯所說，關於這方面的研究，由於研究人員對於佛教資料的基本知識不斷增加，致使他們所能列舉的對應例子反而相對地減少。

柴德爾列出五十項例子，而芳德貝爾克減少九項，加上其他方面的例子，才湊足十五項例子。E・W・賀布金斯只列出五項有力的例子。卡爾貝說福音書，曾直接從佛教借用四則故事——(1)「西梅歐」和「阿羅藍仙」，(2)「惡魔的誘惑」，(3)「湖上走路的貝特洛」，(4)「河上走路的信徒」。另一位夏貝特埃認為，光是「西梅歐」與「阿羅藍仙」這個例子，就足以證明福音書向佛教借來用的，而且可讓福音書無話可說。

不論怎樣，我們必須指出佛陀一生的四件大事——誕生、出家、成道和死，是一定得列舉出來的對應例子，否則，就會讓佛陀傳與福音書故事的對比研究，失去重要的意義了。

「撒馬利亞的女人」與「賤民的女人」

另有一組故事也很相似，照理說，也不妨判斷他們的一致性是很偶然的。「撒馬利亞的女人」與「賤民的女人」這組對應例子，難道可以否認它們不是一方影響另一方嗎？內容如下：

「郁哈納福音」四．七——

撒馬利亞的女人來汲水，耶穌問她：「給我一點兒水喝好嗎？」撒馬利亞女人說：「你這個猶太人，怎麼可以向我這個撒馬利亞人要水喝呢？」原因是，猶太人一向跟撒馬利亞人不相來往。只聽耶穌回答：「如果你知道神給我什麼，以及是誰說了『給我一點兒水喝』，那麼，你會向他央求，而對方恐怕會給了你生水。」

『佛經故事』三三——

有一次，釋尊來到舍衛國的祇樹給孤獨園。某日清晨，阿難披上袈裟，托缽到舍衛國的街上去乞食。當他得到食物，吃完飯後，走向一個井邊去。剛巧有一個賤民的姑娘在井邊汲水。阿難長老向姑娘問道：「姑娘，請你給我點水喝好嗎？」只聽賤民的姑娘對阿難長老說：「阿難尊者呵！我可是一個賤民的女人。」「姑娘，我不是在打聽你的家世和種姓，如果你有水，就請妳給我點兒水喝，因為我只想喝水。」於是那個賤民姑娘就給阿難長老水喝了。阿難長老喝完水後離去。

芳德貝爾克指出，猶太人雖然吃撒馬利亞人的麵包，或喝他們的酒，都算非法行為，導致雙方的敵對關係到後世又升高起來，不過，這段故事與其說屬於基督教，不如說是佛教的東西。

在印度，很早以來就存在嚴格的階級制度，像阿難長老這樣一位王族階級出身者，不可能向等而下之的賤民姑娘要水的。然而，佛陀主張四姓平等，在佛教的僧伽教團裡，也撤掉所有的階級差別。所以，阿難才會平心靜氣地向賤民婦女要水喝。

但是，以色列與印度的環境相似，都是一片炎熱沙漠，那些傳教士又倦怠，又口渴，也就忽視彼此的差別和敵對等社會習俗，而很自然地向撒馬利亞、與賤民的婦女討水喝，老實說，這也沒有什麼奇怪。所以，如把這兩件故事的類似原因，硬說成一方影響到另一方，反而很不自然，依我看，也許純粹屬於並行現象才對。

華貝爾列出十組對應例子來討論，除了其中的「佛陀誕生」以外的九例，都被包括在湯麥斯列舉的十六項例子裡。因為限於篇幅，無法詳列湯麥斯的十六項例子，所以，我只取出其中六組特別顯著的對應例子來研究。

3　故事的對應例子

「西梅歐」與「阿羅藍仙」

一般人認為在諸多對應例子裡，這組例子算是最顯著的了。

耶穌生下來，過了四十天，父母為了要把這個孩子獻給神，便特地攜帶他去耶路撒冷。當時，耶路撒冷有一個人叫做西梅歐，他是信仰虔誠、品性篤實的人。聖靈告訴過他，在尚未看到神派來的米西亞之前，不能先死。「西梅歐在聖靈引導下進入神殿」，看見那個被父母親帶來的耶穌。西梅歐雙手抱起耶穌，向神讚嘆：

「主啊！現在如你所說，請讓這個僕人能夠安心離去，因為我親眼看見你的解救了。這是為了解救萬民而來，打開異國人民內心的光明，這是你的子民以色列的榮譽。」

另一方面，一般人認為阿羅藍仙的傳說，在巴利文經典算是最古老的了。不論在巴利文、梵文或漢譯的經典與佛陀傳中都有這段記述。依據『經集』上說：

菩薩誕生那天，一位阿羅藍仙人看見忉利天的諸神舞動衣服，喜氣洋洋的情狀，忍不住問他們理由。諸神說，菩薩為了眾生的利益福樂，已經下降人間，生在釋迦族的藍毘尼園了。他不久會到「仙人聚集的地方」轉動法輪。阿羅藍仙前往淨飯王的行宮，央求看一下出生不久的王子。仙人目睹王子，歡喜地抱起來，看到這個王子有偉大的異相，不禁讚嘆：「這是一個無上至尊的人，也是人間的殊勝。」

但是，仙人一想起自己來日無多，竟忍不住落淚。釋迦族人好奇地問他，難道王子會有什麼麻煩嗎?仙人答道:「王子既無不吉的相貌，也沒有什麼麻煩。他以後會得到解脫，利益眾生、弘揚教理。可惜，我的來日不多，沒有機會聽到他的教義。我才為此事在苦惱哩。」仙人離去時說，自己有一個侄子叫做納拉卡，以後若聽說有佛陀在世，他會勸侄子去聆聽教理，清淨修行。後來，納拉卡果然一面期望佛陀，也一面自行修持，沒有洛情縱慾。

乍見下，這兩則故事有些類似，但也有不同點。誠然，大家所得到的印象是壓倒性多數，超過那些部份的同異。關於「西梅歐在聖靈引導下」進入神殿這段翻譯，在原來的英、德和日文等處也有相當差異。芳德貝爾克說，那段話在希臘原典裡，應該是:「西梅歐穿過天空」進入神殿。

但在『經集』與「因緣故事」裡，只有一段說阿羅藍仙聽到諸神傳話菩薩誕生人間、「迅速下凡」一語，但也不甚明確。另外經文也提到阿羅藍仙通過空中，飛往藍毘尼園去。

我們若一直注意這種細節，不如把重點放在這兩位偉大宗教家誕生時，曾給西梅歐和阿羅藍仙兩位賢者很大的衝擊，才是他們整體的類似。

「耶穌洗禮」與「菩薩宮參拜」

「馬太福音」三・一三——一五有下面一段話。

且說耶穌為了要接受洗禮，特地從卡利拉亞來到約旦河。但是，郁哈納企圖阻止他，就問說：「我才要接受你的洗禮，怎麼你要來我這裡呢？」不料，耶穌答道：「現在不要阻止，率性而行才適合我們。」於是，郁哈納答應了。

在『方廣大莊嚴經』第八章，有一條題目是「帶往天祠」，內容如下：

菩薩誕生時釋迦族一群有身份的男女聚集，一齊建議父王，應該帶王子到天祠去。父王答應了，即刻下令百姓打掃街道，莊嚴天祠，同時走回後宮，吩咐摩訶波闍波提（佛陀的姨母）給王子裝扮一番。當她替王子裝扮好時，只見王子臉上浮起笑容，非常高興地問道，要帶我去哪兒？姨母說，帶你去天祠啊，王子笑著唱出三句偈語。

自己出生時，三千世界都起震動，連帝釋天和梵天等諸神都禮拜了。你竟要帶我去那裡，他們到底是何方神聖呢？我才是「超越諸神之神」，沒有神跟我平等，照理說，更沒有其他神會超過我。

不過，王子還是依照世俗習慣去天祠。當王子的右腳一踏入神祠的剎那，只見月神、日神、毘沙門、帝釋、梵天和四天王等諸神像，突然離開座位走下來，伏倒在菩薩腳下。紛紛現出真相，作偈讚嘆王子。

這部漢譯的『方廣大莊嚴經』，曾在西元六八三年從梵文譯成中文。但是，上述故事也幾乎跟梵文本相同形式。而且，它也存在古譯本『普曜經』裡。雖然，『普曜經』是竺法護在西元三〇八年譯的，但他是一位居住敦煌的印度人。年輕時到西域，攜帶胡本到中國以後，費時四十年，譯出一百五十多部經典，而『普曜經』的梵文原本，大概在西元二——三世紀出現於印度社會。

『修行本起經』的漢譯本出現在一九七年的後漢時代，而上述那則故事也以更純樸的形式出現在這部經裡——正在外出的父王，聽說菩薩生下來，就匆匆回城來，碰見夫人抱著太子回藍毘尼園。只見太子身邊的上空，有帝釋天、梵天和四天王等諸神做隨從，國王「不禁下馬向太子做禮」。尚未到城門的街道邊，有一座釋迦族崇拜的神廟。

梵志（婆羅門）和相師都說，要攜帶太子去拜神像才好。於是，他們帶著太子進入神廟。只見諸神的形像紛紛倒覆下來。

這段話記載在最古老的佛教混淆梵文裡，而大眾部系統的佛陀傳，雖然有四、五世紀出現的情狀，但它的古老部份可以追溯到二、三世紀。在這則相同故事裡，那座神廟裡的神是一位無畏女神，只見菩薩走前去，女神反而伏在地上做偈讚嘆。內容很長，但它的旨趣比較傾向『修行本起經』，而不是『方廣大莊嚴經』。

先行的福音書

且說耶穌與佛陀兩種對應故事裡，最主要的關鍵是，兩人都能一面自覺為郁哈納，或超越諸神的存在，也能一面依照世俗接受洗禮，或參訪神廟。不過，佛陀的自覺在『修行本起經』出現以前，記載得並不明確，直到『普曜經』以後才成為明顯的故事。倘若這樣，那麼，佛陀的故事倒不一定是基督教以前的東西，而且印度人雕刻神像或佛像，還遲到一世紀末以後才開始。如果一定要說誰影響誰的話，那麼，福音書的故事也許曾經影響到印度。

在耶穌的故事裡，對洗禮躊躇的是郁哈納，而在佛陀故事裡，對拜神躊躇的是佛陀，兩者對應的內容相反。

根據湯麥斯說，他從另外資料發現耶穌的母親和一群信徒表示，因為郁哈納為了免罪才能給我們洗禮，所以我們也去吧，但是，耶穌反問，我非要他給我洗禮不可，這樣到底犯了什麼罪呢？忍不住責備大家無知。芳德爾貝克說，這才是福音書上的故事原形。倘若事實如此，那麼，這兩則故事的對應會更加強烈，不過，湯麥斯認為芳德爾貝克所說不太可靠。

「貝德洛在湖上行走」和「信徒在河上走路」

根據「馬太福音」一四．二五上說：

天亮四點鐘左右，耶穌在湖面上走向弟子們的地方，弟子們目睹耶穌在湖面行走，不禁害怕地叫喊：「幽靈」。耶穌立刻發話：「你們放心，是我啊。你們別怕。」

這時，貝德洛說：「主啊！如果真是你的話，不妨命令我，讓我能在水上走去你那裡。」耶穌說：「來吧。」只見貝德洛跳下船，在水面上走到耶穌的地方。不過，他覺得風勢很強勁，恐怖之餘，身體下沈了，害他不禁大叫：「主啊！救命呀。」耶穌馬上伸手抓住他，說道：「信仰不堅定的人，有什麼好懷疑呢?」

但在『本生經』第一九〇則序言,有一段故事,也指出信仰篤實、心境清淨的信徒,到祇園精舍去禮拜佛陀。在半路上——

黃昏時,他到了河岸,因為梢公把船隻拖到岸上去聽法語,所以,無船在現場。他只好冥想著佛陀,引生歡喜心,並在河面上行走,兩腳也不會下沈。他走的樣子完全跟陸地上步行一樣,不料,當他走到河中央就看見波浪了。此時,他冥想佛陀那股歡喜心減弱了,兩腳突然下沈。剎那間,他又強化對佛陀的歡喜心,才能在水面行走。他到了精舍向佛陀禮拜後,坐在一邊。

這段佛弟子的故事,也在巴利文本生經第一九〇則說話裡出現,而這本經的巴利文版卻在五世紀記載的,雖然是依據古老的傳承,但也不可能追溯到紀元前吧!

不過,這段話倒不在『本生經』第一九〇則說話裡出現,反而出現在序言裡,極可能是編輯人員自己的創作。因為自古以來,不論在水上行走,或空中飛行,佛教都認為這些神通可以靠瑜伽修練得出來。所以,這則說話的存在,無疑是很自然的。它跟貝德洛在湖上行走的故事,實在不易判斷高下,如果差不多，再加上年代的考量，那就極可能是福音書影響『本生經』了。

「寡婦」與「處女」捐獻

根據「馬魯卡福音」二一．四一記載：

耶穌在香油箱對面坐著，看見群眾紛紛丟錢進去。許多富翁丟進了許多錢。但見一名貧窮寡婦走過來，只丟進兩塊銅板。耶穌把弟子們叫過來說：「坦白說，這個窮寡婦在所有丟錢到香油箱裡的人中，丟最多錢進去。大家是因為錢太多才肯丟些錢進去，而只有這個寡婦雖然貧困，卻肯將所有的錢丟進去，也就是傾所有生活費都丟進去。」

但在佛教『大莊嚴論經』第二二則說話裡，也有一段童女故事，有一位名叫比爾的學者將這話譯成英文（一八八二年），介紹到西歐社會。

且說有一名姑娘到了耆闍山，目睹一大群人正在舉行五年一次的布施大會，剛巧自己也在乞食。她看見許多僧眾、不禁心生歡喜。雖然，她親眼看到大家踴躍在供養僧眾，可是自身一貧如洗，沒東西可以供養，而忍不住悲從中來。但她仔細一想，想起以前在廁所撿到兩個銅錢。於是，她回去拿來布施給僧眾了。

此時，那位上座僧阿羅漢目睹這種情狀，立刻唸唱咒願，因為這跟那位姑娘的心，將大地和深海的所有寶物拿來供養僧眾一樣浩瀚，希望她能藉此免於貧困的毀謗。姑娘五體投地，皈命諸僧，唱誦偈語，希望自己早日脫離貧窮。

當她坐在一棵樹下時，雖然日光逐漸移動，但不見樹影轉動，反而看到雲傘一直覆蓋在她的頭頂上。剛巧一位國王喪妻不久，此時經過這裡，看見這位姑娘時，不禁心生眷戀，終於娶她回宮封做第一夫人。剛才她想早日脫離貧困的願望終於實現了，她央求國王將堆積如山的財寶，載往耆闍山去布施給僧眾。不料，那位主持上座現在卻不替她唸咒願了。周圍的人很好奇地問他，為什麼那位貧女上次只供養兩塊銅錢，你會替她唸咒願，而她現在貴為王后，布施一堆金銀財寶，反而不替她唸咒願呢？只聽上座法師作偈回答：

布施許多錢財，反而得不到很大果報，
只有少許殊勝的心，才能得到很大果報。
她上次布施時，傾全力捨施，
而現在雖然布施許多錢財，那份心意不及當時的十分之一……

雖然，『大莊嚴論經』的原本遺失，但後人都認為那是紀元一百年前後，出自當時一位著名詩人馬鳴的手筆，而後由鳩摩羅什（三五〇～四〇九年）翻譯出來。湯麥斯說，不論誰借用誰的都不打緊，只有兩塊錢這一點，就年代方面說，卻談不上是福音傳道者借用佛經的內容。

在基督教與佛教兩邊都有類似窮人一燈這項真理，這倒不是借用或影響的問題，它的情況跟「撒馬利亞的女人」及「賤民之女」一樣，也許應該看做單純的並行現象。「寡婦獻金」是以完全相同的形式留傳下來，故在福音書的傳承裡，也算久而有力的故事。也許湯麥斯的意見才對。

「敗家子」與「長者窮子」

依據「魯卡福音」記載一五．一一～三二，耶穌又說出下面一段話。

且說某人（神的暗示）膝下有兩個兒子。有一天，弟弟（暗示罪人或外鄉人）稟告父親說：「爸，請你把我該得的財產給我吧！」父親果然將財產分給兩個孩子。隔了不久，那個弟弟便把財產變換現金，出國旅遊去。不料，他到處遊蕩，終於把財產花得精光。結果，他流浪異鄉，受盡飢餓之苦，因為當地剛巧發生飢荒……。

有一天，他又回到了家鄉，父親一看到兒子回來，好生不忍，便走前去抱著他，吻著他。兒子說：「爸，我覺得對天地，對你都有罪惡感。已經沒有資格做你的兒子了。」然而，父親卻迅速把僕傭叫來，吩咐他說：「你快把最好的衣服拿出來，讓這個孩子穿……把較肥的小牛拖出來宰，好好慶祝一番。這個孩子死裡逃生，現在又讓我看到了。」接著，歡宴正式開始了。

不料，哥哥（猶太人的暗示）看了很憤怒，不肯進到房子裡。父親出去安慰他，可是，哥哥卻對父親說：

「你看看，我跟你老人家辛苦作業好幾年，從來沒有違背你的話。可是，我請朋友吃飯，你卻連一隻小羊也不肯給我宰。而你那個兒子把你的血汗錢花在妓女身上，空著手回家，你反而殺條肥牛給他享受。」

父親答道：「你天天跟我在一塊兒，我的東西便是你的東西。可是，你弟弟是死裡逃生，讓我又能見面，所以，我當然要歡喜祝賀一番，難道有什麼不對？」

在『法華經』第四章，全篇都在談「長者窮子」的譬喻。

且說一個年輕人離開父親後，到了異鄉幾十年。不料，他生活貧困，四處流浪。相反地，父親事業做得很成功，家財萬貫，既有許多農田，又有龐大的生意。兒子飄蕩之餘，終於流落到父親住的地方了。父親住在豪華的住宅裡，有一天，那個兒子目睹這樣富貴人家，不禁心生畏懼，企圖趕快離去時，卻被父親一眼認出來，趕緊叫人把他找回來。

做父親的人明白兒子的心理，知道他很自卑，面對財大勢大的人家好生害怕，便用各種方法讓他接近，吩咐兩個漢子幫忙兒子打掃作業，二十年間，他始終沒有向兒子表示自己身份，只讓兒子安心住在家裡，自由進出。

不久，父親患了重病，死期近了，他想將所有財產告訴兒子，讓他以管家身份熟悉作業，兒子始終以為是個窮小子。當死期近時，父親在一大群親友、王公大臣和左鄰右舍等大庭廣眾前，公開介紹他是自己的骨肉，並宣稱他也是所有財產的繼承人。兒子聽了非常吃驚，竟有這樣意外的事。

這則故事的旨趣，不外指出大乘佛教徒都是如來的兒子（佛子）。可是，他們都不會自覺，才在輪廻裡受苦，好像那位長者的兒子只要些微薄工資，便心滿意足一樣。大家只求小乘佛教的涅槃，便很滿足，而不懂像如來藏之類的

「一切智」也是自己的東西。只有自知為如來的兒子，或大乘的菩薩，獲得跟如來一樣的一切智，才知道以後會成佛。換句話說，如來的慈悲與方便，就是把那些得到小乘覺悟，便感到滿足的眾生，接引到大乘裡，讓他們步上佛道的修行。

依湯麥斯看來，『法華經』最早的形態是在二世紀成立，即使「長者窮子」這段寓言可能根據最早的故事而來，只要沒有找到根源，那麼，便不能說福音傳道者曾向印度借用這則寓言。

日本學者把『法華經』的成立分成二期與四期，而第四章「信解品」的偈頌部份應在一世紀成立。因為這段寓言也放在第四章的偈頌部份。所以，它的成立跟福音書的成立，大約在同一時期。這樣一來，雙方都有可能借用。

雖然，兩則寓言的細節有許多大同小異，但在基本上，兩種思想還很一致，一種是已經自覺為佛子的小乘教徒成了大乘菩薩，另一種是已經悔改過的罪人，比無意悔改的人更讓神歡喜。

「麵包與魚的奇跡」、「維摩居士與一缽飯，薄煎餅的神奇」

根據「馬太福者」一五．三四──三八說，耶穌有一次到荒郊去醫治病人，他目睹一大群人跟自己相處三天沒東西吃，覺得很可憐，但是，弟子們回答這種地方哪來這麼多麵包呢？

耶穌問：「有多少個麵包呢？」弟子們回答：「只有七個，但其中有些小魚。」耶穌聽了便命令大家坐在地上，自己拿著七個麵包和小魚，祈禱感謝，用手分給弟子們，而弟子們再分配給大家。大家統統吃得很飽，但把吃剩下的麵包屑集中起來，裝滿在七個籠子裡。吃過的人包括婦女和兒童，共有四千人。

『維摩經』第九章上說，一群大菩薩因為維摩居士生病，都前來探訪，聚集在他家裡，跟維摩居士討論不二法門。

於是，舍利弗長老心想：「午時到了，大家都沒走，不知大家的午飯怎麼辦？」維摩居士立刻洞悉舍利弗的意思，便告訴他說：「你內心總在思索物質上的飲食，怎能定下心來聽法呢？稍待一會兒，我會招待你吃以前未曾吃過的東西。」

維摩居士便進入三昧，運用神通，示諸大眾上方界分，過四十二恒河沙佛土，讓大家看到一切妙香世界裡，最上香台如來跟眾菩薩在飲食的盛況。同時，造了一位化身菩薩，前往一切妙香世界向如來問訊。為了弘揚佛法，央求把吃剩下的食物給我。

化身菩薩以極快的速度飛躍起來，把各個香鉢裡，裝滿香料的食物，從最上香如來那裡帶回來。當時，在一切妙香世界的五百萬菩薩眾，也跟著化身菩薩來到維摩居士的家裡。由於食物的芳香四溢，諸神和眾人都紛紛聚集在維摩詰的家裡。於是，維摩詰居士開始邀請舍利弗等人吃飯了。

這時候，一位聲聞（聽聞佛法開悟的人。佛弟子，也是小乘修行人）心裡尋思：「這麼一點點食物，不知要怎樣讓這麼多人吃？」不料，那位化身菩薩立刻明白他的意思，便當眾告訴在場的聲聞眾說：

「諸位長老啊！你們別以為自己的智慧與德行，跟如來的智慧及德行一樣浩瀚，那可差得遠哩。縱使四個大海的水枯渴了，這裡的食物也照樣吃不完。原因是，如來的飲食是由無窮盡的戒律、智慧和禪定做成的，不會有窮盡的情形。」

果然，在場的眾人全部吃得很飽，但見食物還多的是，沒有吃完哩。菩薩、聲聞、帝釋天、梵天、護世神和其他人，全都飽食一頓了……從他們的毛孔裡噴出香氣，芳香到處洋溢，情狀正如一切妙香世界的樹木，所發散出的香氣一樣。

『本生經』也有一段故事說：距離王舍城不遠的地方，有一名家財萬貫，生性極貪的族長。這個族長連一滴油也捨不得給別人，自己亦不肯用。有一天，佛陀吩咐目連把他帶來祇園精舍，要他布施些食物給僧團用。目連立刻大顯神通，表現出飢餓的樣子，好讓那個族長起信仰心，吩咐他的妻子做些薄煎餅，布施給佛陀和僧團，帶來祇園精舍了。

族長的妻子把一個薄煎餅放進如來的缽裡，師尊吃夠了，五百位比丘也都吃夠了。族長又繞著分配牛奶、油、蜜和糖給大家。結果，師尊和五百位比丘也都吃完了。族長夫婦也盡量吃，但見薄煎餅始終沒吃完。

精舍的所有比丘們也都吃了剩下的食物，可是，薄煎餅依然還有。他們不禁說：「世尊，薄煎餅還有剩呢！」「那麼，你們把那些丟到祇園精舍的門旁好了。」結果，他們就把剩下的餅丟在門邊下坡處。因此，直到今天，那個下坡附近一直叫做薄煎餅。

『維摩經』這則故事，同樣可在舊譯本的『維摩詰經』裡發現，那是支謙在二二三—二五三年之間翻譯的，由此推測，它可能存在二世紀。『本生經』記載一名佛教信徒能在河面上行走，那是在五世紀記載的。依我看，『本生經』的故事也許受到印度『維摩經』故事的影響。湯麥斯只列舉『本生經』的序言，而沒提到『維摩經』，殊不知後者反而在中國和日本比較大眾化。聖經那則「麵包與魚的奇跡」，也許在時間上還比佛教說話更早。

第二章　佛陀傳與福音書比較研究的衰微與恢復

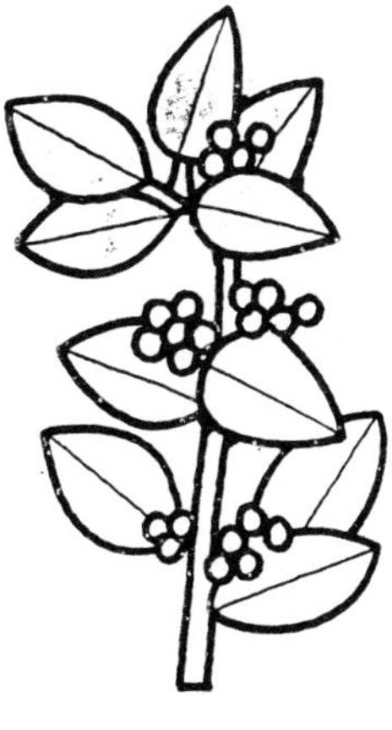

1 衰微

E・J・湯麥斯指摘借用說的錯誤

打從十九世紀末起，對於佛陀傳與福音書的比較研究，便興起一股狂熱，到了二十世紀初總算收到某種學術成果：以E・J・湯麥斯在一九二七年出版的『佛陀生涯』為界，接著就停止了研究風潮。所以，湯麥斯這項研究可說打了一個休止符。

以往的研究人員都說，佛陀傳跟耶穌傳記之間，有一種直接的來往，那時，一群福音傳道家都借用佛陀傳的故事，換句話說，他們只相信這種影響是單方面的，也就是印度影響以色列而已。

然而，這種想法純粹是依據下列的誤解來的，因為他們認為佛陀早生在紀元前六世紀，所以，關於他的傳記和故事必然比福音書更早期完成才對，只要兩者之間有借用的事實，那麼，基督教方面也一定借用佛教的了。像柴德爾、芳德貝爾克兩人當然不在話下，進入二十世紀以後，連艾德蒙斯的狂熱也是由於這項錯誤的新發現而起的。

湯麥斯終於注意到這項新發現的錯誤，至少明白部份的錯誤了。他在著作裡再三指出那部巴利文的『本生經』，收集五百四十七篇故事，雖然被放在巴利文佛教正典裡，殊不知追溯紀元前的東西，只是談些極抽象德目的偈頌部份，至於敷衍的故事本身，跟總序及各篇故事的序，都是遲到五世紀才寫的。

另外，湯麥斯也清楚像『法華經』等大乘經典，也成立於紀元以後，而其中所記載的故事都是基督教出現後的東西。湯麥斯親自列出十六件對應例子來解說，他還說其中有幾則不是福音傳道者從印度借來的故事，毋寧說，相反的可能性比較接近事實。

只有「阿羅藍仙」是基督教前的東西

在上述六組的對應例子裡，屬於巴利正典古老部份的佛教故事中，的確寫在紀元前，換句話說，真正基督教前的部份，只有『阿羅藍仙』那篇傳說足以比擬「西梅歐」。因為那篇傳說也出現在紀元前三世紀那本古老又具權威的『

經集』裡，所以說，它的確是基督教前的故事。

郁哈納給耶穌洗禮後說：「只有我才應該接受你的洗禮」，另一則可以相比的是剛生下來的佛陀到神廟時，諸神向佛陀禮拜，這一段的『修行本起經』版大概跟福音書差不多古老。

若說同時代也可能有交往活動的話，那麼，從年代論的立場上說，這個例子是無法否定的。尤其，湯麥斯沒有考慮漢譯經典。關於這則故事，只有本書採用『方廣大莊嚴經』的漢譯和『修行本起經』的記述。

因為『本生經』第一九〇的序裡有一篇「橫渡河面的信徒」，可以比擬「湖上行走的貝德洛」，所以不能說是基督教以前的東西。但得注意的是，福音書的故事透過那些管道流往印度，或印度故事對福音書的影響，兩者在文化史上的重要性大致上是一樣的。湯麥斯跟以前的歐洲學者對於這方面幾乎毫不關心。

『大莊嚴論經』的一篇「布施兩枚銅錢給僧團的處女」，倘若真是二世紀初的作品，那麼，它應該跟福音書文化屬於同一時代。不過，這兩篇故事不如看作偶然的類似比較妥當。

因為『法華經』那篇「長者窮子」的故事，可比擬「放蕩兒子」，它出現在這部經典的最古老部份，所以，大概跟福音書成立的時代一樣。在這方面，湯麥斯依然沒有參考漢譯，而設想到『法華經』的成立問題。

類似「麵包與魚的奇跡」故事，不僅出現在『本生經』第七八的序文上，而且出現在二世紀的『維摩經』裡，那恐怕不能說是基督教以前的東西了。

由此可見，在六件例子裡，佛教故事可說比基督教出現的僅有一件（「西梅歐」與「阿羅藍仙」），可說大概同一時代的有三件（「郁哈納」與「神廟」，「寡婦」與「處女」的捐獻，「放蕩兒子」與「長者窮子」），而屬於基督教以後者有兩件（「湖面上行走的貝德洛」與「河面水行走的信徒」、「麵包與魚的奇跡」與「維摩一缽飯，薄煎餅的神變」）。

佛陀傳

在巴利文正典裡，用某種程度方式記述佛陀傳記者，出現在「律藏」『大品』的開端，從佛陀成道開始，到初期傳道那段描述者，則出現在「長部」的『大般涅槃經』，最主要的內容是佛陀最後的旅遊及其死亡的記述等，其他則分散在經、律裡，屬於零碎性的記述累積，而這些不是巴利文正典，故有很多得依靠後代的註解書才行。

在『本生經』的總序——因緣故事裡，大體上都是一貫地談到喬答摩，釋迦早在無限久遠前的過去，得到燃燈佛授記可以成佛，之後出生兜率天，從此下凡紅塵，接著出家、成道，從開始弘法到祇園精舍的建立。然而，上面談到『本生經』是五世紀在錫蘭完成的作品，歷史價值不高。

關於佛陀的傳記，從他的誕生到圓寂的一貫性記載，竟出乎意外地少，惟一比較重要的是二世紀初，由詩人馬鳴在北印度所寫的『佛所行讚』。現存的梵文本在第十四章途中，談到降魔成道的一半便停止，幸好藏譯本目前還保有後半部。至於漢譯的『佛所行讚』，雖然不是譯得很忠實，卻也算很完整的一本。再說馬鳴這本『佛所行讚』，係用韻文寫的文學作品，竭力讚嘆佛陀，而不算是歷史傳記。

另外，在印度比較重要的佛陀傳，就是出自大眾部系統說出世部的「律藏」，目前留存那本佛陀傳『大事』，混雜有本生經譬喻文學。因為它是用最古老形式所寫的佛教混淆梵文，即使有些部份屬於新的層面，但也只能溯及它是紀元前後的東西。它開始也提到佛陀在久遠的過去，便在燃燈佛面前發了大願，之後投生到兜率天，再誕生到娑婆世間，經由出家、降魔和成道等過程，最後也描寫他開始弘法，直到教團的成立為止。目前連西藏譯和漢譯都沒有。

在大乘佛教的佛陀傳方面，目前也有著名的梵文本。它也從佛陀誕生開始寫到初轉法輪。漢譯裡，包括『普曜經』和『方廣大莊嚴經』。誠如上述，前者曾於西元三〇八年譯出來。所以，它的原來梵文本應該溯及二～三世紀。

比較靠近的年代，就是從中亞挖掘不少片段性的資料，不乏古老經典，經過哥特岡大學的瓦爾特休密德教授校訂後出版了。其間有些跟巴利文經典相對應的梵文經典，算是相當難得的寶貴資料。其中的『四眾經』（Catuṣpariṣatsūtra）便是佛陀傳，從佛陀成道開始變到初期的弘法活動。

在漢譯方面，原先的梵文本雖然失散，幸好有不少相當不錯的佛陀傳。其中有一部『佛本行經』，便是寶雲在五世紀中葉翻譯的，它跟『佛所行讚』一樣，是採用韻文體寫成的佛陀傳，一貫地從佛陀的誕生開始寫到圓寂為止。

但是，更重要的有後漢期間，竺大力與康孟詳在西元一九七年合譯的『修行本起經』及其續篇──『中本起經』。乍見下，這兩部經都是從佛陀誕生開始寫起，直到初期傳教的情形，只因年代很久遠，故有人認為這是傳說的古老形式。支謙在三世紀初譯出的『太子瑞應本起經』，跟『修行本起經』是不同的翻譯。

漢譯的「阿含」等經典，是跟巴利文的「長部」、「中部」、「增支部」、「小部」等相對應的，而阿含經被收集在『大正大藏經』的最初兩卷裡。還有小乘諸部派的「律藏」，則被收集在『大正大藏經』的第二一～二三卷裡。在這些經律中，也跟巴利文的經律一樣，可以找到片段佛陀傳裡的事件與故事。

2 現代的佛教文獻學

三種文獻的比較與參考

現代的佛教文獻學者在研究佛陀傳或「佛陀生涯」時，有一種歷史性的關懷。固然，要把佛陀生涯的諸項事件當做事實來確認非常困難，與其這樣說，還不如說幾乎不可能了。儘管這樣，從諸多文獻裡，除掉後代人的添油加醋，神話的傳承與寓言，只有盡量接近歷史的事實。

此時，一定得做的是，各種文獻的取捨與比較。首先，要盡量依據古老的文獻。例如，巴利文獻之類的內容，不是依據一種傳統，還要參考漢譯的經、律、佛陀傳；和中亞出土的梵文經、律與佛陀傳，如有必要，最好也參照藏文譯本。在漢譯與中央挖掘的梵文本裡，不乏可以跟巴利文正典對應的資料。因此，若能比較同一經典的三種版本，就能明白那些東西有極悠久的傳承。

即使有些事件與故事出現在巴利文獻上，但在對應的漢譯與梵文本上找不到，就非常可能是後代人添油加醋的東西。由此可見，若能收集巴利文、梵文和漢譯等三種文獻上所有的事實與傳承，那麼，就有較可靠的歷史性，也比較能湊成佛陀的傳記了。

然而，當湯麥斯撰寫『佛陀的生涯』時，幾乎都取自巴利文的資料。有時，他也參考『大事』、『佛所行讚』、『普曜經』、『方廣大莊嚴經』，不過，卻不用中亞出土的梵文資料，其實，那才是最重要的東西。當然，這不是湯麥斯的罪過，原因是，在他那個時代，那些重要資料還沒來得及校訂和出版。

有時，他也參考藏文版的文獻，至於漢譯資料幾乎完全沒採用，除了畢爾英譯那篇「處女捐獻」的故事以外。

中村元教授著『釋尊的生涯』這本佛陀傳，倒有很高的歷史價值。他盡量刪除後代人加油添醋的東西，和神話、幻想性故事與傳說等。結果，在這本書上，除了「阿羅藍仙」這篇可比擬「西梅歐」以外，其他全都不見，也不對湯麥斯的看法表示贊同與否。而且，中村元在記述「阿羅藍仙」故事時，也根本不提「西梅歐」的事。

為何有必要運用文獻資料

十九世紀的西歐學者們，紛紛認為印度的佛陀傳影響了福音書上許多有關耶穌的故事，但是，到了二十世紀上期，像湯麥斯等學者才從年代論的立場，指出佛陀傳的一切不是基督教以前的東西，這無異給以往的學者澆了一盆冷水，真掃他們的興。

到了二十世紀後半期，中亞挖掘的梵文本和古代漢譯佛經的文獻學價值才被人重新評估，只有跟巴利文佛典作比較後，才能對佛陀一生開啟歷史性的研究立場，之後，關於佛陀的傳說與故事，毋寧說，這些在歷史研究裡被看成一種麻煩，從此以後總算被拋棄了。

關於佛陀傳與福音書的比較研究，無疑經過三個階段，而我們也回顧了三階段的歷史。其實，第四階段也來到了，那就是這些比較研究從新觀點得到重新評估的時代。

在敘述之前，仍得說明上述的文獻運作為何有必要？而又怎樣產生彼此對照的巴利文、梵文與漢譯的佛教文獻之類的情況？

實際上，中國人自古以來都很尊重歷史，所以，在中國留下相當豐富與確實的史書。在佛教史方面，僧伽傳和經錄都能正確地傳承歷史事實，所以，人物與經典翻譯的年代，通常不到一年就會有相當的結果。

以前，塚本善隆博士涉獵許多史書，把鳩摩羅什的生死年代從三四四年——四一三年，重新改訂成三五〇年與四〇九年。僅僅相差幾年，在中國史的研究上是很大的問題。這件事反映出中國佛教史的年代是相當確實的。

另外，關於印度史方面的各個年代，不妨以世紀為單位來決定比較好些。例如，印度佛教史上鼎鼎大名的人物龍樹，我們只知他的生存時期大概在二世紀中葉，到三世紀中葉，這個推測只能仰賴中國史上關於鳩摩羅什的記錄資料。在印度史上的人物年代，有些學者竟然算出二、三世紀的差距，這個現象司空見慣。由此可見，印度人不太區分歷史與故事，現實與幻想的界限。

在印度古代史上，有一位馬雅亞王朝的英明王室阿育王，只有他的生存年代例外地定在紀元前二六八—二三二年。那是幸好阿育王在一個磨崖詔敕上，列舉五位希臘人國王的名字，而他的祖父賈特拉古夫塔的年代，便能從印度資料和希臘史的查對裡推敲出來。

佛陀的年代論

在印度古代史上，有許多情況是以阿育王的年代為基準點，再推測出不少其他人物與事件的年代。釋迦牟尼佛的年代亦不例外。光是佛陀的年代，就有兩種有依據的文獻，不論依照其中那一種來計算，大約有百年的差距，故存在兩種年代論。只要在這兩項學說裡沒有重大發現，那麼，統一成一種定論也未嘗不可。

依據錫蘭史書上的記錄，推測阿育王可能在佛陀死後二百十八年即位。把這個年數加上阿育王即位的年代，便得到了佛陀圓寂的年代在紀元前四八六年。據說佛陀活了八十歲，這樣一來，他的出生便可敲定在紀元前五六六年了。

若依照印度佛教史書傳到中國，例如，『十八部論』、『部執異論』等資料上說，阿育王的出現便敲定在佛陀圓寂以後、第一百一十六年的時期。若將這個年數加上阿育王即位的二六八年時，便得到紀元前三八三年了。這是佛陀圓寂的年代。

日本已故的佛學者宇井伯壽，最先指出錫蘭史書的記載不太可靠。同樣地，依照錫蘭史書記載，從佛滅到阿育王之間，有僧人傳授五位國王和五個人的戒律，但五個人會有二百十八年之久，未免太長了些。漢譯的印度佛經與梵文佛典即使稍有差距，但大體上說，阿育王出現在佛滅後一百年左右。所以，宇井伯壽說這一點比錫蘭史書的論點要妥當，而且北方的傳說比較普遍，因為它流傳在錫蘭上座部以外許多小乘諸部派裡。

像中村元、平川彰等幾位佛學者，也曾補充和強調宇井伯壽的論點。結果，日本有許多學者都採用佛陀的生長年代，是紀元前四六三——三八三年這個時期。

當然，也有不少日本學者不理會宇井伯壽、中村元和平川彰等東京學派的觀點，而依照西歐、印度、錫蘭等學者們的看法，認定佛陀的生長年代在紀元前五六六年——四八六年之間。

南傳與北傳

由以上的討論裡，不難發現關於釋迦牟尼佛的年代論有兩種看法，一是錫蘭流行的看法，一是中國人的看法，而兩者的觀點不一樣。上述有一段「佛滅後二百十八年，阿育王才即位」的記錄，它出現在錫蘭史書上，卻不列入佛教經典裡，像這樣錫蘭傳統不同於中國傳統的類別，也可說表現在一般佛經上面。其所以會這樣，係因為下列的歷史狀況。

在阿育王時代，佛教教團曾派遣不少傳教師到印度國內和國外各地去。阿育王有一個兒子——摩哂陀，就被派到錫蘭去。印度佛教在那時便傳到錫蘭來，直到今天仍然堅持這種傳統。那叫做錫蘭上座部的佛教。

因為錫蘭是個島國，也接近印度，跟印度的來往頻繁，然而，上座部的傳統直到今天，大體上獨自發展下去，且自古以來，也傳到緬甸、柬埔寨、泰國、寮國和印尼等地。不過，印尼倒從十五世紀以後成了回教國家。還有越南佛教的主體，卻是來自中國的大乘佛教。

另有一人叫做末田地，在阿育王時代被派到克什米爾、肯達拉等印度西北部去弘揚佛法，這件事也可比美錫蘭的傳承和中國的傳承，很值得一提。不過，這支印度西北部的佛教，後來進入中亞，經由絲路，到公元一世紀，便傳到中國了。一般佛學者稱錫蘭佛教為「南傳」，從印度西北部傳入中國的佛教，則叫做「北傳」佛教。

南傳佛教到今天仍流傳巴利文的佛經，而北傳佛教則以漢譯佛經為主，收集在「阿含部」（『大正大藏經』一、二卷），誠如上述，中亞挖掘的梵文本也當然屬於北傳佛教了。

根本分裂與枝末分裂

在佛滅後一百~二百年間，佛教教團由於律的規則，和教義的解說不一樣，便分裂為兩派——上座部與大眾部。這叫做根本分裂，西歐與印度的佛學者以為這個分裂應在紀元前三〇〇年代，也就是看作阿育王以前的事件。然而，日本的大半佛學者卻認為阿育王時代，便看到教團有分裂跡象，忍不住憂心忡忡，而實際上分裂卻在阿育王死後便發生了。根本分裂的年代，也跟佛陀圓寂的年代一樣，南傳北傳的史料記載也有不同。

姑且不說根本分裂是在阿育王以前或以後，事實上，在這種分裂以前，印度只有一種佛教傳統。當然，在任何時代都有所謂異端者出現，嚴格說來很難叫做同一種傳統，但大體上是相同的佛教。

一旦分裂成為事實，那麼，上座部與大眾部便各自發展了。而且，這兩部教派又各自衍生許多部派，包括紀元後分裂出來的派別，計有十八部或二十部之多，也都紛紛成立部派了。從根本分裂開始，到大乘佛教成立的幾個世紀裡，各部派佛教一面相互抗衡，也一面展開精密的理論與修行，而這些叫做部派佛教或小乘佛教。

傳到錫蘭的佛教為上座部，或在上座部系統裡，叫做分別說部的部派佛教。後來，印度西北方擁有強大勢力的說一切有部等諸部派紛紛出現，便跟上座部系統一派遙相對抗，而上座部系統叫做分別說部。

到底上座佛教是到了錫蘭便已經叫做分別說部呢？還是本來的上座部呢？

關於這一點，佛學者的意見不一樣。大多數的日本佛學認為根本分裂出現在阿育王死後，當然，在阿育王時代傳到錫蘭的佛教，屬於分裂前的佛教，而進步派的大眾部在分派以後，便叫做上座部佛教。原始佛教把上座與大眾兩派分裂後的情狀，叫做根本分裂，至於兩派以後，又各自衍生出不少支派，則叫做枝末分裂。

口傳與書寫

依據錫蘭的史書記載，在馬尼・阿巴亞王（紀元前二七——一七年）時，據說目睹大家非常墮落，便吩咐把以往口誦的佛教傳承及其註釋都寫在書面的形狀上。也許這時才有組織性的書寫，而在這以前也恐怕有若干的經、律都被寫下來了。

事實上，大部份的經典都是佛滅後幾世紀之間，口頭傳承下來的內容。在印度，佛經到底幾時開始便寫在書面上不太清楚，但大乘經典是否從成立開始便記錄下來呢？在『八千頌般若經』這部最早的大乘經典上，便很讚嘆它記載的功德，由這裡可以看出端倪。倘若如此，那麼，印度大概在紀元前後便能夠記錄經典了。

近代人通常都認為耳聞，不如書寫的東西來得可靠，但是，古代人剛好相反，他們卻相信師徒的口述傳授，總比寫在書上的東西可靠得多。印度自古以來便有文字，我們只要看到紀元前三世紀，阿育王的磨崖和石柱的碑文，便知道印度很早就有文字的事實。

也許那時沒有紙張，幸好印度與錫蘭都習慣用棕櫚樹葉來代替紙張，再靠鐵筆刻下文字，而自古代起到近世都保持這個傳統。

即使在目前，印度的一般婆羅門在傳承韋陀聖典時，也比較尊重和信任自己師父口頭的教示，而不相信書籍。

有一件筆者親身的經歷，那是那爛陀佛教研究所的首任所長，名叫卡夏普比丘，有一天捧著巴利文的經典讓我過目，然後，每天早晨由他自己坐下來背誦那部經典。這樣過了一星期，他居然背完大半段的「長部經典」，依照我的檢驗，他記得每一字每一句，而且沒有差錯。

古代人的記憶與口誦傳承果然很確實。依最近的情勢看來，我們恐怕不必仰賴書籍，反而要相信電視和電腦的資訊了。

找尋最早的形式

話雖如此，但也有一種事實不能抹煞，那就是佛經歷經幾個世紀的口誦傳承，其間也難免有若干加油添醋和更改變動的部份。尤其，比丘們傳法時，那些比丘難免會有自己的解釋與補充，將它混入原來的經典裡。

還有許多部派為了遵守本身的獨立與尊嚴，也會有些教義與戒律不同於別的派系，為了讓後代發展正當化，配合時代趨勢，也一定有人會更改原來的經典內容。

經典裡，有些部份用韻文寫的，具有語言的特徵，故比散文部份更悠久。不過，這倒不是說佛陀當年用韻文來說教或弘法，而是某個時候，為了記憶方便，才把佛陀的教理由散文改成韻文。

如果這種韻文比散文更早期的話，那麼，我們會發現現存的經與律，便是原原本本從佛陀的教理發展出來的東西。

由此看來，各部派的經與律，在相互間有不少差異。例如，『法句經』本來屬於巴利文正典的「小部」，跟這個相同系統的漢譯，即說一切有部的『法句經』、『大事』，和大眾部系統說出世部的『法句經』等，都有許多種版本，它們彼此間有極多出入和異同。至於其他經典與律也可說完全一樣。

若想找尋根本分裂前那種唯一的經典原形，那麼，唯一的辦法是比較各部派的經典異本，認同其共同部份為最早的形式，而把它們孤立傳承的部份看作後代人的補述和追加。

現在，把原始佛教的經律收集得最完整又豐富的大藏經，即是巴利文正典與漢譯的「阿含部」與「律部」了。巴利文的經與律屬於上座部系統的東西，而漢譯包括上座與大眾兩個系統的各部派內容。『西藏大藏經』的「阿含部」和「律部」，不乏上座部系統說一切有部的東西。藏譯係八世紀以後的產物，歷史價值很低，但它直譯得很正確，也多少可以參考。

不論如何，中亞出土的經律，都是用梵文或混淆梵語書寫的資料，縱使為數很有限，也照樣有很高的價值。所以，現代的佛教文獻學才肯比較和檢討這些版本，並努力找尋經與律的最早形式。

從一九三〇年代以後，有關福音書上的耶穌故事跟佛陀傳上的佛陀故事，即兩者間的比較研究幾乎被人淡忘了，在這個背景下卻發展出上述的佛教文獻學。從十九世紀以來，靠文獻學的運用得到最早形式的佛陀傳記，可是，其間卻難得見到西歐學者們所夢想的若干佛陀故事，換句話說，因為那些都談不上歷史的事實。

3 恢復

比較研究為何會衰微

初期研究佛陀傳和福音書的學者，甚至連湯麥斯也不例外，普遍犯了一個錯誤是，包括巴利文正典在內的所有佛典文化及記錄，並不是那麼早期就有了，而是紀元前後才出現的東西，大乘佛典全都在紀元以後才成立，連現代的學者也不完全明白這一點。

當然，在多數的情況下，某種傳說的成立時期，跟寫在書籍上的時期不會一致。照理說，有些極古老的傳說，也會到相當後代才開始作筆錄。由於口授傳承的消失，那麼，可當作歷史事實與證據的東西，除了筆錄的碑文及文獻以外，也沒有別的資料。

誠如前述，在西歐學者所列舉的諸多佛陀傳與耶穌的故事裡，只有比擬「西梅歐」那篇「阿羅藍仙」的故事，可說是佛陀傳故事明顯地比福音書早，而其他諸例無疑跟福音書成立於相同時代，或者更晚期。尤其，在大乘佛典上的東西，只要無法證明它有悠久的傳承持續，就不得不說是基督教以後的資料了。假定事實如此，當然，從十九世紀到本世紀初葉，西歐學者們想像那套印度故事影響福音書的說法也不能成立了。

A・L・巴夏姆開闢新觀點

自從湯麥斯以後，關於佛陀傳與福音書的比較研究停斷了好久，直到著名的印度史學家A・L・巴夏姆出現，才恢復這方面的研究。他在一九八一年出版一篇很長的論文，再度處理這個題目，才開闢一種嶄新的觀點。

巴夏姆說，以往所指的基督教與佛教間的若干對應例子，雖然有明顯的衝擊，但是，那些與其說涉及巴利文資料，不如說跟佛教梵文文獻的傳說與神話有關係。那些明顯的對應例子是，「放蕩兒子」與「長者窮子」、「『默示郁哈納』上的新耶路撒冷之都」與「『米里達帕哈』的涅槃之都」、「西歐梅之頌」與「阿羅藍仙」，他同時列舉兒童時代的佛陀，跟福音書外典的許多故事有類似處。

關於另外的例子，巴夏姆也說到般若波羅蜜的人格化（佛母），與後期猶太教的神的智慧（Hagia Sophia）有關連，佛教的業報輪廻說可以追溯到初期的『奧義書』，同樣的輪廻說早在紀元前六世紀，希臘的畢達格拉斯已經說過了，而印度與東地中海地區有些共同的動物寓話，也幾乎發生在相同時期，諸如此類的問題，巴夏姆也都提出來說明。

他說「佛教梵文文獻」這個說法，意思稍嫌曖昧，主要是說大乘經典，和紀元後才成立的後期的佛教文獻。

「新耶路撒冷」與「涅槃之都」

在「默示郁哈納」這篇故事裡，提到世界係某神引起的災害才遭毀滅，除了有些人在前額有刻印，表示歸屬於神以外，其他所有人都會被燒毀，連撒旦也不例外。

接著出現新天地，神聖的都城「新耶路撒冷」會從天上降下來。

這座都城到處有神的光輝，還有高大的城牆與十二道門。十二道門上有十二位天使，刻著以色列十二部族的名字，城牆上面有十二座土台，並刻有基督十二名使徒的名字。這些土台石頭上裝飾著碧玉、翡翠、瑪瑙、綠柱石、紫水晶等寶物，門全用珍珠造成，市街的道路寬闊，鋪滿好像玻璃的純金。

都城裡既無太陽和月亮，也無黑夜。神的光輝榮耀照亮整座都城，因為小羊（基督）在發光。都門整天不關閉，眾人都稱讚這種榮光，紛紛擁到這座都城來。然而，那些污濁、善嫉和虛偽之輩，統統進不了城。只有在小羊生命的書上有記名者才能進城。

『那先比丘經』裡有一「涅槃之都」，它出在第九章第八節的問答裡，內容提到佛陀的實在問題。

且說都城的建築師選了一塊環境優美的所在，土地平坦、樹木井然有序，他測量和規劃以後，便建造壕溝、城牆、城門和觀望塔等，又開闢主要道路與十字路，造了遊樂區、井、池塘和多種神殿。那裡可讓各族裔和各國籍的人居住、不分種姓職業都可以進來，旨在強調這位建築師有卓越的本事，才能建造這座城市。

同樣地，那位無所不知、無可倫比，又能降伏群魔的佛陀，也建造一座真理的都城——涅槃都市。其間以戒行為堡壘，以罪的慚愧為壕溝，以明知為城塞，以精勵做瞭望塔，用信仰做支柱，用專念當守門，用智慧做高殿，以「經」為路地，以「論」為十字街，又用「律」做法庭，同時以四個專注（四念處）當街路。之後，在四個專注的街道上，都開設花店。香料店、水果店、藥店、甘露（不死的靈藥）店、寶石店和百貨店等，各店相當於佛陀的多項教理。凡來這座涅槃之都的人，都會看見這些華麗的真狀，而推知佛陀的實在及其無限的能耐。

在基督教裡，神國卻在實現世界末日。在神的控制下，算是一種新秩序的象徵表現。『那先比丘經』上的涅槃都市，也是佛陀圓滿戒律、教義與哲學象徵的表現，所以，這兩座都城有基本上的類似。

關於寶石的詳細記述，和一群比丘用戒律的寶石裝飾，尤其，那些比丘用解脫的寶石修飾，足以照遍十方，那種光輝的部份表現，也很類似新耶路撒冷。

據我們推測，『那先比丘經』最初部份的原形跟漢譯相同，那些早在紀元前一世紀便在印度完成了，而其他部份卻遲到紀元後一世紀左右才增添和補充。現存巴利文原本的年代則更晚了。所以，我們認為「涅槃都城」等跟『新約聖經』的成立時代大致相同。因為巴夏姆很注意印度與以色列的故事裡有同時代的特性，所以，依照這一點看來，他的指摘很正確。至於兩件故事的類似，是否如巴夏姆所強調那樣充滿說服力呢？只好由讀者的主觀來決定，但有相當的不同程度。

阿彌陀佛的「極樂」

若要從佛教裡找尋跟『新耶路撒冷』對比的內容，依我看，恐怕以阿彌陀佛的「極樂」比較恰當。阿彌陀佛的信仰在佛教裡，無疑是惟一開闢終末論的思想。這一點很類似基督教的神國，我想是不能否認的。只要信仰阿彌陀佛，那麼，凡是肯念佛的人就能往生到那個極樂國土，在那理想的環境裡必能成佛。換句話說，只要唸佛信佛便能得到第二個永恒的生命了。

跟「新耶路撒冷」一樣，極樂世界也到處是寶石和光明。依照『大無量壽經』的描述，那個國土彷彿手掌般地平坦，所有樹林全是由各種寶石造成。除了阿彌陀佛如來的光芒照耀以外，所有火、月亮、太陽、遊星、星宿、星座、黑暗等名稱和表現都不存在，而且也無所謂黑夜與白天等。

「默示郁哈納」也在揭發世界末日所有眾生的罪惡，談到神的裁示下有一個相對的神國會來臨。同樣地，『大無量壽經』竭力說出正法衰落的末世，芸芸眾生有五惡，但有一個幸福安樂的世界存在，而那裡的一切跟這個五濁世間完全相反。

共同的源泉是拜火教

巴夏姆列舉幾個對應例子，那些故事取自新約聖經與佛教梵文文獻，他這樣做的目的，不是想要恢復十九世紀那種佛陀傳與福音書的比較和研究。實際上，他的觀點有兩方面，但也都跟以往的比較和研究完全不同。

一方面是，他不想看耶穌傳與佛陀傳之間的對應例證，只想看前者跟紀元開始，歷經幾世紀在印度生成發展的大乘佛教——或跟紀元後小乘經典之間的對應情形。

另一方面是，基督教與大乘佛教之間，他不以為是一方向對方直接借用，而是假定雙方有一個共同泉源——拜火教的存在，才會影響到東西兩方面。

基督教與佛教之間，存在的若干相似，也不妨歸諸於偶然與巧合。歸諸偶然的時候，因為數目太多，若要提出某種概括性的判斷，結果會變成非常主觀的結果。依巴夏姆的看法，唯一比較妥善的結論是，兩者存在的大部份類似，來自彼此的共同泉源，而那個泉源存在西亞，而且，這個共同泉源即是伊朗的二元論。

古代伊朗的拜火教和其他宗教神話，一方面給予大乘佛教許多暗示，另方面也影響到巴比倫幽禁以後的猶太教與基督教神話。從後代的猶太教開始，到基督教，信徒們相信救世主，而這也跟佛教未來佛（彌勒）的信仰有關連，兩者的共同起源都從拜火教所謂世界末日解救者——莎歐休亞特那裡來的。

基督教的天使和佛教的菩薩觀念，也都依據拜火教的夫拉瓦西和阿美霞司班達而來。

不過，巴夏姆不該說大乘佛教向拜火教借用救濟論與末日論的若干特徵，而應該說伊朗在印度西北部有龐大的影響力，這倒提供了相當基礎給佛教徒，方便他們採取類似拜火教的宗教態度。

大乘佛教受到拜火教的影響，同樣地也受到印度教的影響，而且，它的教義也在初期佛教與小乘佛教本身裡萌芽成長。

反正從紀元前二世紀起到紀元後二世紀期間，外敵逐漸從北方與西方入侵，以致造成印度西北部的動亂不安，這種社會狀況迫使佛教產生巨大的變化。也促成大乘佛教的興起和成長，以上是巴夏姆的論點。

在紀元前後的幾個世紀裡，印度西北部的歷史和社會深受伊朗的影響，他們從外地進入印度社會，造成重大的震撼，這方面的詳情將在下一章說明。

第三章　西亞與印度

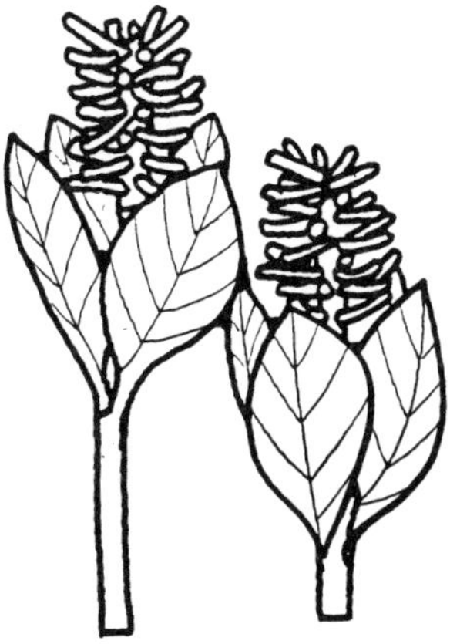

1　西亞的歷史

阿肯美內斯王朝的波斯帝國

「伊朗」一詞跟「阿利亞」屬於相同的字源，由此可知以伊朗高原做舞台，伊朗人是阿利亞人種，先後在這個舞台上建立了阿肯美內斯、阿魯莎肯斯和莎桑等三大王朝。

阿利亞族原來住在南俄羅斯平原，由於某種原因，才開始民族移動，之後分成兩支，一支向西去，另一支向東發展。向東去那支越過歐克梭斯河，而停留在巴克脫利亞平原，不久，有些人進入休德庫斯山脈，沿著帕特西魯河和卡布魯河，而進入印度了。其他人從巴克脫利亞向西走，移到伊朗高原去。這些史實發生在紀元前一五〇〇年代起，到一二〇〇年代期間。

在伊朗高原上，原來有色目族人居住，且有高度的文明，但從阿利亞人侵入以後，終於駕凌在原住民之上了。在伊朗高原上有許多國家興亡不斷，但阿利亞系的阿肯美內斯家族的裘洛斯二世（紀元前五五九——五三〇年），卻滅亡了美蒂亞、利蒂亞和新巴比倫尼亞等三大國，在這廣大的地區建立了阿肯美內斯王朝，即古代波斯帝國的基礎。在巴比倫遭幽禁的猶太人，也是在裘洛斯王手上被解放。

他的下一代君主是佳姆畢瑟斯二世（紀元前五三〇——五二一年），則併吞了埃及，到古利烏斯一世（紀元前五二二——四八六年）時，便統一了更寬闊的地區，西從地中海到埃及，東從中亞西部到印度的幹達拉，並曾在斯薩、貝魯斯波利斯建造了很堂皇的宮殿。印度西北方係從幹達拉到伊達斯河下游，統統都成了波斯大帝國的版圖之一，所以，從紀元前六世紀起，印度便已經受到波斯文化的影響。

波斯帝國在西方的勢力，從小亞細亞到特拉基亞，和馬肯多尼亞的一部份，所以，他們不斷地跟希臘抗爭，古利烏斯也有意遠征希臘，結果，遇到雅典人奮勇抵抗，幾番挫折後才終止前進。

真正讓波斯與希臘雙方停戰的原因，無疑是馬其頓族亞歷山大大帝的東征。當亞歷山大一進入小亞細亞，便繼續南下，先入埃及向東前進，之後到達波斯的首都——貝爾塞波里斯，放火將它破壞殆盡。波斯帝國最後一任帝王是古利烏斯三世，他本擬從東方再起，不料，被兩名地方首長，也是自己的部屬反叛殺害。在紀元前三三〇年，波斯帝國終於滅亡了。

在古利烏斯三世死後，波斯北部和東部仍有些殘餘勢力，致使亞歷山大不得不再出兵征討。他到了波斯帝國東北部的亞克莎爾特斯河，穿過當年裘洛斯二世所建造的城鎮，接著跟巴克特利亞談和，再越過休德庫斯山脈，到了印度河流域的帕佳普地區，也迫使印度的王侯投降。

他再向東進，侵入印度內部，不料，印度軍隊的抵抗愈來愈劇烈，再由於亞歷山大部下的希臘人思鄉心切，才不得不沿著印度河南下，再從下游的帕塔拉向西去，回到了波斯。

當他回到巴比倫後，身體勞累不堪，加上終日吃喝玩樂，致使身心急速惡化，終於在紀元前三二三年六月十三日，以三十二歲的英年早逝了。

希臘文明時代

亞歷山大大帝逝世的消息，從印度傳到埃及，讓那些留駐在波斯各地的希臘將領們，紛紛企圖獨立，彼此抗爭，都想稱霸統治對方，結果，讓波斯四十年間陷入內亂不休的狀態。

在那批將領裡，最後得勝的一位叫做塞雷克斯，在紀元前三一二年，他佔領巴比倫，並在那裡成立塞雷克斯王朝。他在東方跟印度一個新興國家瑪利亞王朝的蔣特拉古普達王對峙，但在紀元前三〇二年，便把阿富汗方面讓給瑪利亞王朝，拿到五百頭印度象回到西方去。

當塞雷克斯佔有西邊的敘利亞時，便在那裡開闢一座新城市，建立政治根據地。他在那裡確立了一個塞雷克斯朝的敘利亞王國。

除了埃及以外，塞雷克斯掌握了當年亞歷山大大帝征服的大部份地區，不幸在紀元前二八〇年時遭到暗殺了。敘利亞王朝後來繼續跟埃及抗爭，然而在自己的國內也不時發生內亂，統治力量逐漸衰弱。在紀元前二二〇年代，王國東部的巴克脫利亞獨立了，在王國的中部也有巴爾特爾獨立。

在紀元前二〇〇年左右，印度有瑪利亞王朝，西邊有巴克脫利亞王國，阿魯莎肯斯朝的巴爾特爾，塞雷克斯朝的敘利亞王國的存在，僅僅限於地中海沿岸到伊朗西部。

到了紀元前二世紀，跟西方羅馬帝國的紛爭不休。即使這樣，這個王朝也仍是地中海岸的一個王國，傳承到紀元前一世紀為止。在紀元前六四年，終於被羅馬一位龐貝烏絲將軍征服，而成為羅馬帝國統治下的區域。

巴克脫利亞王國

當塞雷克斯朝的敘利亞王國，專心於伊朗西部的政治與軍事問題，而無法兼顧東方諸地時，東方的巴克脫利亞、巴爾特爾便同時宣佈獨立了。

巴克脫利亞南邊隔著休德庫斯山脈，接近印度，北邊是歐克梭斯河所及的山嶽地帶。在地理上，這裡是一個交通要衝，因為它連結亞洲大陸的東西交通路線，從印度西北部延伸到北方的交合處。

佛教是從印度向北傳，經由巴克脫利亞向東去，再從中亞進入中國境內。拜火教的教祖所羅阿斯達就是以巴克脫利亞為根據地，再向西方弘揚教義。

阿利亞人最先來到巴克脫利亞，便分成兩支，先後進入印度和伊朗。早從亞歷山大大帝東征開始，由希臘系的塞雷克斯王朝繼承的希臘文明，便從巴克脫利亞進入印度西北部了。

敘利亞王國的塞雷克斯二世，正跟埃及的普特雷麥歐斯王朝對立和緊張升高之際，巴克脫利亞的地方首長盎特拉哥拉斯便宣告獨立，不久，他又征服了阿魯莎克斯。但是，德歐得脫斯一世（紀元前二五〇——二四五年）再度建立巴克脫利亞王國，明確地脫離塞雷克斯而獨立。之後，有一個人叫做猶特得莫斯（紀元前二三〇——二〇〇年前後），殺死德歐得脫斯二世，才鞏固了巴克脫利亞的勢力……。

猶特得莫斯的兒子叫做德美脫利歐斯（紀元前二〇〇——一六〇年），越過休德庫斯山脈，侵入印度境內，征服印度西北大部份地方。並在印度河東邊建立都市，當做政治中心。這座都市在印度叫做莎加拉，十分繁榮。

紀元前一七五年左右，埃庫拉特德斯獨立，從德美脫利歐斯王國奪走了巴克脫利亞，致使巴克脫利亞王國分成兩部份。德美脫利歐斯系統則以莎加拉為中心，而控制印度的內部，埃庫拉特德斯系統便佔有卡布魯溪谷到巴克脫利亞的地區。

這兩大系統出了不少希臘籍的國王（僅知名稱者便超過四十位），他們逐漸控制從印度西北到卡布魯的地區，但從紀元前二世紀末葉開始，到紀元這一段期間，先後遭到塞族、帕特亞族和大月氏族的侵入，才使巴克脫利亞王國消滅。

在希臘籍的諸多國王裡，最著名的是彌蘭陀王，在紀元前後半期，他控制了阿富汗到印度中部的地區。巴利文有『彌蘭陀王問答經』，它有一部份相當於漢譯的『那先比丘經』，這部經典是彌蘭陀王跟說一切有部的那先比丘，兩人問答佛教方面的記載。雖然，彌蘭陀王起初尊敬希臘的神，但有過一段時期也可能信仰佛教。

帕特亞王國

盎特拉哥拉斯最先宣佈巴克脫利亞獨立，而塞族系的放牧民帕諾伊，或阿帕諾伊族的首領——阿魯莎肯斯，卻消滅了盎特拉哥拉斯。他消滅了盎特拉哥拉斯之後，便成為阿魯莎肯斯王朝帕特亞的始祖。中國人所以稱帕特亞為「安息」，係從阿魯莎肯斯的伊朗原字「阿魯夏克」的音譯而來。

巴克脫利亞南下，朝向印度去，反之，阿魯莎肯斯王朝卻向西方的美索布達米亞前進了。當然，這樣便跟塞雷克斯王朝的敘利亞王國碰上，屢次發生爭戰，但是，米斯拉達特斯一世（紀元前一七一～一三八年）終於拿下敘利亞王國的兩座都城，並在底格里斯河岸上建立庫特西芳這座城市，當做帕特亞帝國的首都了。這裡的帕特亞終於成為西亞的大帝國。

後來，帕特亞在西方跟敘利亞王國交戰，在東方則於紀元前二世紀後期不得不跟來犯的塞族作戰。塞族居住在相當於今天西斯坦的地區，那裡稱為莎卡斯塔那。但是，米斯拉達特斯二世（紀元前一二三～八七年）表面上迫使塞族人屈服，恢復了從康達哈魯到印度的地方。

塞雷克斯王朝屈服了羅馬的龐貝烏斯以後（紀元前六四年），帕特亞便在紀元前一世紀中葉，跟羅馬帝國的邊境連接，隔著幼發拉底河遙遙相對峙。雙方進攻或防守，和談或交戰，幾乎長達三百年，互有勝敗、難分高下。帕特亞最後一位帝王阿魯塔帕奴斯，終於攻破羅馬軍隊，恢復昔日的邊界線。

但是，莎桑王朝的阿魯達西魯卻在伊朗內部擴張勢力。美蒂亞人侵入美索布達米亞，也協助阿魯達西魯消滅了帕特亞帝國。阿魯塔帕奴斯帝後來在紀元二二七年被殺，他的兒子抗戰了幾年，也被捕到庫特西芳處刑，阿魯莎肯斯王朝的帕特亞帝國大約有過五百年的歷史。

阿魯達西魯消滅了帕特亞帝國以後，東從中亞，西到幼發拉底河一帶都被他們控制，直到七世紀，才確立莎桑王朝波斯帝國的基礎。

印度西北部的狀況

大月氏族本來住在甘肅地區，被匈奴打敗，逃到西方去，移居在天山山脈以北的伊犂一帶，並趕走當地的沙卡族人。然而，烏孫族得到匈奴人的援助，又攻擊大月氏，迫使大月氏又向西移動、下藍市城、巴克脫利亞，以阿姆河一帶為根據地。

漢武帝（紀元前一四一～八七年）計劃結盟伊犂地方的大月氏族，共同討伐匈奴，便在紀元前一三九年派遣張騫到大月氏。張騫在途中被匈奴人逮捕，幽禁了近十年。後來，他設法逃走，經由天山北路往西走，終於在紀元前一二九年左右，到了阿姆河北岸的大月氏見到國王。

可是，當時大月氏已經攻下巴克脫利亞，安居在那裡，早已無意向匈奴人復仇，所以不想一齊討伐匈奴族。

大月氏最先侵佔的伊犂一帶，以前是沙卡族的地方。沙卡族被大月氏趕往南邊去了。沙卡族的移動，當然威脅到巴克脫利亞、帕特亞兩個王國。一部份沙卡族人往南走，經由卡休加爾、基爾卡特、司瓦特，之後出現在印度西北方。

侵入印度的沙卡族在紀元前一世紀，便控制了東到賈姆納河，南到哥達瓦利河的地區。那些沙卡族幾位國王統治了西印度幾個小國，他們被稱為庫夏特拉巴（地方長官的印度名字），這群國王在紀元一世紀初期被貴霜族同化以前，始終控制著印度西部。

大月氏佔據巴克脫利亞，才捨棄遊牧生活定居下來，他們把巴克脫利亞分給五部族長去管理。但是過了一百多年，在五部族裡，以貴霜族最強大，他們消滅其餘四部族長，侵入帕特亞，佔領喀布爾，再攻入印度。貴霜王朝第一代國王叫做庫休拉•卡多非塞斯。

其後五十年左右，他一面吸收希臘系和沙卡系的諸王國，一面進出幹達拉地方。繼庫休拉、卡多非塞斯以後，他的兒子在紀元七八年左右即位，據說他的勢力到達比哈魯北部。總之，他的聲勢擴展到印度以北的範圍，完成了貴霜帝國統一形式。

佛教史上很著名的迦膩色迦王出身貴霜族，不斷擴大貴霜帝國第一王朝的版圖，從東土耳其斯坦西半部，和阿富汗東半部，直到印度境內的廣大地區都在他的統治下，即東起比哈爾，南到德干一帶的地方。

關於迦膩色迦王的年代有幾種說法，但也都不確定；有人說他在紀元七八年即位，也有人說他即位於紀元一四四年，不過，馬夏魯推測他的統治年代為一二八——一五一年，而中村元教授認為一二九——一五二年，也許這兩位的論點比較可靠。

貴霜王朝跟羅馬的交易很熱絡，經濟十分繁榮。這個王朝的文化特徵是，綜合了希臘、波斯和印度等三地區的文化內涵，而這跟大乘佛教的興盛有密切的關係。

迦膩色迦王常跟三位知識份子結伴為友，他們是詩人馬鳴（『佛所行讚』的作者），大臣馬塔拉，和一名醫生叫賈拉卡，且在國王座下編輯佛教聖典，例如，有佛教百科全書之稱的『大毘婆沙論』便是。

貴霜王朝在迦膩色迦王以後仍然持續著，但在三世紀中葉，莎桑王朝敗在波斯人手下，到了五世紀，暫時恢復了巴克脫利亞到幹達拉這塊土地，但以後也亡在匈奴手上。紀元三二〇年，印度內部出現古普塔王朝，逐漸征服了印度南北部，到了五世紀初，才完成一個龐大帝國，勢力足以匹敵阿育王的瑪利亞王朝。

2　西方文化的影響

各種文化的融爐

以上只簡單地回顧一下西亞的歷史，便會明白那塊土地是古代世界各民族及其文化的交流中心。我們不妨看看古代波斯帝國的配魯塞波里斯建築，例如，客廳與欄杆的浮雕，入口的巨像及其他美術色彩，柱子上有重要的裝飾，充滿埃及的情調。帝王墳墓也有雕刻修飾，留下希臘藝術家參與的跡象。

另一方面，印度瑪利亞王朝的宮殿石柱與石雕，也是古代波斯的樣式，至於磨亮岩石的技巧，並在上面雕刻碑文，則是借用伊朗石工的力量。

A・H・達尼在一九六〇年代，曾在幹達拉這個地方發現拜火殿的遺跡，這表示古代印度西北部人信仰拜火教。阿肯美內斯王朝的波斯軍跟希臘作戰時，裡面也有印度的各族士兵。波斯在印度的影響，不外是亞述、埃及和希臘諸種文化的融合。

自古以來，希臘語文便流入西亞了，在塞雷克斯王朝時代，希臘語的應用範圍相當廣泛。

再者，包括印度西北部在內的巴克脫利亞王國，以及沙卡族、帕特亞族、貴霜王朝在印度期間，歷代國王鑄造的貨幣上，也能見到希臘文字。

阿拉姆話方面也一樣，在塞雷克斯王朝東邊一帶發現若干碑文上，不乏希臘與阿拉姆兩種文字。阿拉姆話是亞歷山大大帝東征時的一種混合方言，從西亞進入印度後便定著在那裡了。在肯達哈魯地方發現一座阿育王的碑文，上面也同時寫著希臘字和阿拉姆字。由此可見早在瑪利亞王朝時代，希臘人與伊朗人便定居在這塊領土上了。

雖然在歷史與地理上，早在帕特亞王朝時代，便明確地有所謂「絲路」的存在，那是條連接中國與地中海世界的大陸橫斷道路，殊不知事實上存在於更早期內。亞歷山大大帝侵入古代波斯與印度時，也同樣走這條路，瑪利亞王朝派使節訪問也依據這條道路。

地中海、西亞和中國的文物都經由巴克脫利亞南下，進入印度境內。早在希臘文化時代，中國的絲綢大量流入西亞，希臘人稱它為「美德康」，頗受讚嘆。波斯的桃子在歐洲被稱做「波斯蘋果」，而馬匹的主食也有別名在當地盛行。

自從貴霜王朝以後，歷代便依靠水路，來往印度西部、南部與羅馬之間，彼此的貿易頻繁，雙方絡繹不絕。印度輸出大量的奢侈品、絲綢、香料、寶石和染料等；反之，印度也從羅馬進口金子。紀元七八年左右，印度的銀子不夠，才開始改用金本位制。朝廷的金幣比羅馬金本位制的單位重兩倍，這種便利的單位比率對於雙方貿易來往極有貢獻。

羅馬的貨幣不僅在印度南部發現很多，而且，連卡多非塞斯發行的金幣，也在印度東北部的尼泊爾、比哈魯等地發現。當時，金幣不單單是貨物交易的媒介，大家也很尊重它的絕對價值。寶石跟金幣並駕齊驅，也頗受重視。

佛經上常常提到阿彌陀佛的極樂世界，或相關的淨土等處，都用形形色色的寶石、黃金來裝飾，這也象徵當時的民眾很憧憬寶石與金塊，以及社會上經濟很富庶。

總之，在貴霜王朝期間，印度的西部與南部的經濟擴展很快，社會也很繁榮。這種情況反映當時印度的建築與美術都很流行與進步，主要是得到商人階級的支持，而這些都成就了大乘佛教的背景。

在貴霜時代的碑文裡，出現不少帝王的稱號，例如，夏希、姆洛達、馬哈拉賈、德普脫拉、拉賈愛特和凱撒拉等多位。前面兩位是大月氏與沙卡族酋長的稱呼；馬哈拉賈是印度的大王；拉賈愛特是伊朗統治者借用印度的稱號；德普脫拉是中國「天子」的梵文音譯；凱撒拉卻是羅馬皇帝的稱號。

由此看來，統治印度西北一帶的帝王，採用世界各國的王號，從這一點也可理解當時的印度國內，也反映出從地中海到中國那種東西文化融合的盛況。

外來民族與佛教

前面提過巴克脫利亞的希臘籍國王——彌蘭陀，曾經跟一位佛教的那先比丘討論佛教問題，而那位國王以後也皈依佛教了。貴霜王朝的迦膩色迦王也是位傑出的佛教護持者，足以比美從前的阿育王，這一點也在前面提到了。

在紀元前後，許多外來民族逐漸侵入印度西北部，同時逐漸跟當地人同化，並也皈依了佛教，其間也是有理由。在婆羅門教或印度教社會裡，階級規定非常嚴格，且有強烈的排他性，即使希臘人在文化上算是相當先進的民族，但也偏偏把外國人看做一群賤民。外國人無法被容納在婆羅門教的社會裡。

相反地，佛教一開始便提倡四姓平等了，不論本地或外來民族都沒有差別，一視同仁。

依據『那先比丘經』上說：「人只要安住於戒律，朝正確方向去努力的話，那麼，不管他是沙卡國人、希臘人、吉那人、韃靼人、亞歷山大、尼克巴、貝那勒斯、柯薩拉、幹達拉，或在山頂山、梵天界，不論處在任何地方，只要正確去實踐教理，都能證悟涅槃。」

佛教是超越民族與地域的差異，為芸芸眾生而開闢的宗教。因此，那群入侵的王朝君主和一般百姓，安居下來逐漸印度化後，也多半皈依佛教了。

佛教美術

當然，外來文化的影響遍及印度社會的各個角落，而最具象徵的影響卻在佛教美術上展露無餘。那也跟希臘人成了佛教徒，或協助佛教發展的事實不能分開。因為印度佛教在外來民族的影響下，尤其受到希臘的影響才有佛像。而且，這個事實給後來的佛教美術及儀禮帶來革命性的變化，形成佛教向世界推展和弘揚的一股巨大力量。

佛塔本來是煉瓦堆積的小塔，用石塊佈置或蓋成一座巨大形狀，這要追溯到紀元前二世紀。塔門與欄楯上呈現許多浮雕，內容都是佛陀前世的故事，和佛在本世弘法的一個場面。雖然，明顯露出信徒們在聽講教理，周圍也有動物與風景，然而卻沒有佛陀這位主角的表態，反而見到佛陀在空座上豎起傘蓋，象徵聖樹、佛的足跡和法輪等意思。

在紀元前其他佛跡雕刻方面也呈同樣的形式。總之，原原本本描繪佛陀的形像是種禁忌，佛陀傳裡的佛陀也僅以空座和法輪來做象徵。理由是，紀元前的佛教美術裡沒有佛像存在。

他們相信佛陀在這個世間享受最後一次色身，入了涅槃就不再復活了。另外，由於佛陀不斷被世人神格化，所以，大家認為佛陀除了具足十力、四無畏、十八不共法（佛陀具有十種智力、四項自信與十八種不同凡響的精神特質）

等精神的超能力以外，也有所謂三十二相和八十隨形好等，非凡人所能有的身體特徵。

這些特徵多半在造型上表現不出來，而且印度阿利亞人本來就沒有祀祭神像的習慣。雖然，印度佛教徒開始也有描繪佛陀傳與佛陀的象徵，但在雕刻上卻無意表現佛身。

幹達拉與馬特拉的佛陀形像

描繪佛陀的形像一向被信徒們當做禁忌，但在幹達拉和馬特拉卻有人在雕刻與繪畫上描繪了佛陀的形像，在以後一世紀也幾乎同時出現了。

乍見下，幹達拉美術明顯地跟西方美術——希臘、羅馬的美術有密切關係，而跟印度的傳統美術完全兩樣。這個情狀不僅表示幹達拉美術受到西方的影響，也表示有一批熟悉西方美術技巧的外國工人直接參與，才能發生和展開這種作業成果。

日本的佛畫家高田修先生說：「幹達拉作品上的西方性，首先是人物的容貌、服飾和衣褶等表現方面很顯著。當然，凡有悠久歷史的美術，都很難一概而論。然而，頭髮是波狀，面容呈橢圓形，眼鼻口的形狀整齊，且明確地雕在相貌上。姑且不提巧妙或笨拙，但誰也不能否定這種表現手法很類似希臘系統的美術作品。還有佛像肩膀上的大衣不僅跟希臘、羅馬式樣相同，且在大衣上描出明顯平行的褶曲線，而這種衣褶手法也全都依據羅馬美術而來……從幹達拉雕刻的整體看來，最引人注目的，便是希臘系美術特色那種寫實表現的手法為主。」

幹達拉美術跟印度傳統美術大異其趣。佛陀傳的主角——佛陀的形像屢見不鮮，在構圖裡，也以佛陀傳的圖為主。不僅這樣，這類美術也不乏單獨的佛像，這表示佛像跟其他諸位尊者像一樣成為膜拜的對象。

總之，幹達拉美術不同於古代初期的美術，也毫不猶豫地表現佛陀的形像，且不受任何約束。

馬特拉佛像的容貌便跟幹達拉佛不一樣，也有獨自的特色，據說跟幹達拉美術的發生不同，但有人認為某個時期，馬特拉那種過肩像也影響到幹達拉佛像。

這方面最具權威的高田修先生便下這樣的結論：

「總之，在佛像方面，幹達拉與馬特拉各自不同，卻也是幾乎同時出現和形成的東西；在表現釋尊的姿勢方面，雙方的出發點也走同樣路線。在檢討兩地為何出現這種作品的過程時，幹達拉先一步表現佛像，而馬特拉稍晚才跟著造像，這種看法自然有道理。至於最先的佛像何時才出現？當然沒有決定性的看法。根據推測，幹達拉在第一貴霜王朝統治的前期，大約在紀元後一世紀末葉開始出現，而馬特拉最早的佛陀傳圖也不得追溯到二世紀初以前才對。」

第四章　大乘佛教的出現

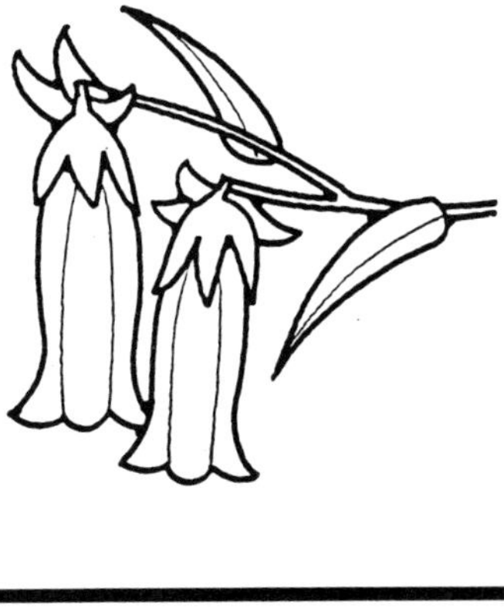

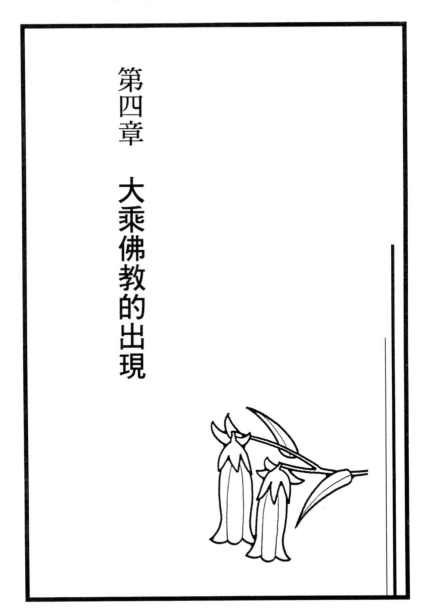

1 五濁惡世

鬥諍時

上述西亞世界與印度交往頻繁，並帶動東西文化的交流，乍見下，這段歷史竟也促進文化的繁榮。沒錯，印度跟希臘、波斯來往，結果卻帶來豐富的文化與經濟實惠。然而，這個史實在紀元前後也等於三百年左右的戰亂，那群侵略者讓北印度的人民陷入水深火熱中，這一點是絕對不能忘記的事。

有一本漢譯的佛教史書『付法藏因緣傳』，其中提到二世紀初那位佛教詩人馬鳴傳記，和迦膩色迦王的事跡。例如，迦膩色迦王造了不少佛像，也布施五百名乞丐，然而在他跟帕特亞交戰時，也殺死九億人，他便懺悔自己的罪業，聽聞馬鳴的教理，做了不少善行。

但是，其中又提到迦膩色迦王：「志氣勇猛，強悍舉世無敵，所到之處，無不披靡。」表示他的勇敢好鬥十分可怕，加上他的淫慾旺盛，讓夫人叫苦不迭，諸如此事都有記載。

有一次，國王向一名叫做馬塔拉的大臣商量，如今三海都已經被征服了，只剩下北海尚未臣服，要怎樣去征討才好？群臣聽了私下商量：「迦膩色迦王貪虐無道，征討不休，讓百姓怨聲載道，也仍然不知足，一直想要佔領四海。士兵們都被派往邊境，骨肉分離，像這樣苦惱的日子何時才能完了呢？而今只有大家同心協力把他除掉，我們以後才有好日子過。」

有一次，國王患了瘧疾，全身抖個不停，有人便坐在國王身上，想要壓制他的全身震動，不料，須臾間便讓國王斷了氣。

其實，暴虐無道的人豈止迦膩色迦王而已？像先前的希臘人、帕特亞人、沙卡人、貴霜王朝的歷代君主，都是侵佔印度的夷狄之邦，也全都很暴虐，壓榨百姓到極點。總之，戰亂、搶佔與殺人，迫使印度人的道德與宗教紛紛墮落，整個北印度社會都陷入混亂不安的狀態。

誠如巴夏姆所說，偉大的敘事詩裡，一位仙人用預言形式談到世界末日（鬥諍時）的慘狀，那很接近一世紀初在印度北方的實況。關於這一點，只要看看那些侵入印度所施行的暴政，憎恨婆羅門教，而遵照虛偽教理的夷狄諸王，例如，安德拉（印度南方的王國）、沙卡、亞瓦那（希臘人）、卡波賈（印度系異教徒）等人的惡劣表現就不難明白了。

那群野蠻人一踏入印度的聖地，便肆無忌憚地殺人放火、奸淫掠奪，徹底破壞了家庭與社會秩序。傳統的犧牲祭典作廢了，一群婆羅門也逃避酷稅，而奴隸反而在指使社會上的婆羅門。唯一興盛的宗教，便是異教徒們崇拜那些安放死人骨灰的塚墳，他們不外是一群祭祀塔的佛教徒。

社會混亂當然會使道德淪落，上自國王、婆羅門，下至一般百姓和奴隸都充滿偽善，紛紛忽視真理，滿懷貪婪、無知與憎惡。這樣一來，世人的壽命就減短了。

粗麻是最好的布料，除了窮人的穀物以外，也沒有其他食物，牛隻沒有了，世人只好去壓榨山羊乳、男人成了女性的敵人、妻子跟奴隸通姦、父親殺死兒子，兒子也敢殺害父親。大家連窮人、親戚和寡婦的東西也敢搶奪，或強姦別人的妻子、互相殺害對方的鹿群。年輕人年僅十歲或十二歲便當爸爸，而少女只有七、八歲便懷孕了，諸如此類的罪孽，真是描述不完。

轉輪聖王與彌勒如來

在這方面的佛教資料，應該是『轉輪聖王獅子吼經』了。這部經典相當於巴利文「長部」的第二六經，而漢譯「長阿含」第六經的『轉輪聖王修行經』跟巴利文本大致上相同，「中阿含」第七十經『轉輪王經』卻比前兩本更悠久，形式很樸素。

從前，有所謂轉輪聖王（統一世界的君主，即神話的帝王）存在，他目睹那個象徵轉輪王的尊貴輪寶，離開了這個地方，便讓位於太子，自己跑去出家了。不料，出家後第七天，那個輪寶便忽然失蹤了。

新王跑去見父王，說明這個情況。父王便教示新王說，你要守住正法，護衛百姓，讓全國上下徹底掃除惡法，布施窮人、多聽賢人的教義。換句話說，他教導新王要轉動那個尊貴的輪寶。

新王按照父王的吩咐去實踐時，在十五日月亮圓滿那天，新王沐浴齋戒後，正要昇殿時，忽然出現那個尊貴的輪寶。於是，新王便四處轉動輪寶，軍隊也跟隨在後面時，便見各國紛紛投降了。結果，新王不用軍隊，便用正法治好四天下。這個過程是從第二位轉輪聖王到第六位轉輪聖王，都靠同樣方法去推動。當第七位轉輪王又失去輪寶時，便是因為他跟以前某位轉輪王一樣，不肯推行善政才使輪寶消失。因為這位國王不肯布施財物。致使國內的窮人不斷增加，強盜也層出不窮。

有一次，大家捉住一名強盜，帶到國王面前來。當國王知道強盜貧困，為了生活才不得不行竊時，便給他一些財物，打發他回去。當這種事情不斷發生時，大家為了向國王討些財物，便紛紛去當強盜了。

有一天，這些強盜被拖來國王面前時，國王明白這樣下去只會讓強盜一直增加，所以，便吩咐把強盜拖出去斬首。這一來，大家便打造銳利的刀子，去搶掠他人的財貨時，也順便將對方的頭顱砍掉。結果，強盜、殺害和妄語便在國內猖獗起來。不僅這樣，大家的膚色都顯得衰弱，壽命逐漸縮短了。

在轉輪聖王統治下，人的壽命長達八萬歲，現在卻減短到四萬歲、兩萬歲，再因邪淫、暴言和中傷等罪惡愈來愈多，致使人的壽命逐漸減少，最後，大家只活到十歲了。

在這個時代，少女五歲便結婚，品嘗不到牛油、糖和鹽等美味，連最卑賤的穀物都成了最佳餚。十善消失，大家只會做十不善的事情，再也不尊敬父母、出家人和婆羅門了。眼裡沒有母親、伯母、叔母和師母，竟敢侵犯她們，看她們像狗、羊等動物，父母兄弟和姐妹之間互存害心。接著，壽命只有七天，刀杖的時代到了，大家互相追鹿奪命。

可是，這時候有些人卻嫌憎殺戮，躲在森林和洞窟裡過了七天。七天一過，便高興得互相擁抱、痛悔前非，發誓要推行善法。他們逐一禁止惡行，開始行善，這一來，壽命才逐漸延長，以至大家又能活到八萬歲，少女到五百歲才結婚，他們的都城一片繁榮，人人非常歡喜。

在都城裡，有一位轉輪聖王叫做螺王，他具有七寶，不用刀杖，只用正法管理四海。另有彌勒如來出世，在無數僧人包圍下說法。

『轉輪聖王獅子吼經』也跟上述一樣，沒有直接將夷狄侵入和末世來臨的事連結在一起。但是，雙方都有一項共同點，就是包括「刀杖之劫」和「鬥諍時」之類的末世旨趣。雙方對於盜賊和邪淫等道德宗教的淪落、人壽的縮短、少年少女結婚、互相殘殺等寫實都很一致。

在上述裡，千劫結束時會有旱魃、七個太陽的火、暴風和洪水等要把世界毀掉，這時候，有一位庫利休那神便將世界收到肚子裡保存起來，之後又吐出來讓它復活。這位救世主在『轉輪聖王獅子吼經』裡，等於螺王和彌勒如來。

文獻學上有一點蠻有趣的是，「中阿含」第七十經的『轉輪王經』提到這則故事時，只有一名螺王，而沒有彌勒如來。巴利文的『轉輪聖王獅子吼經』，和「長阿含」的『轉輪王修行經』裡都說彌勒是如來，而不像後代人那樣叫他彌勒菩薩。

從這些事實裡，不免令人想到故事的最早形式中沒有彌勒，而那位轉輪聖王可能把阿育王當做範楷，而設想出來的聖王，彌勒如來那種色彩的轉輪王故事，也是菩薩思想發生以前的東西，一般人認為「菩薩」一詞及其思想的發生，應在紀元前二世紀。所以，這部經典應該出現在阿育王以後到紀元前一〇〇年左右，換句話說，它是外國勢力進入印度西北部期間的產物。

五　惡

〈無量壽經〉有五種漢譯本。其中，支謙譯『大阿彌陀經』，支婁迦讖譯『無量清淨平等覺經』屬於初期的兩種譯本，在後期三種譯本裡，康僧鎧譯的

『大無量壽經』上有一段長文叫做「五惡段」（也叫「三毒五惡段」「悲化段」）。

內容先說到阿彌陀佛的功德及其佛國土的情狀，之後，語氣一轉，便明白描述世人沈迷五種惡行（殺生、偷盜、邪淫、妄語、飲酒），難以救渡的情狀。它的旨趣是，這個世間雖然充滿惡行苦惱，其中只要懷有一天一夜的慈善心，而肯持齋戒的人，便勝過在阿彌陀佛國土造百年善行。原因是在那個佛國淨土裡並沒有諸惡存在。

若跟巴利文本和『轉輪聖王獅子吼經』作一比較，便會發現「五段惡」含有強烈的內省與悲嘆色彩，並認真地論起自己的惡行，這無疑成了該文的主旨。但是，它跟上述兩者相似也是不能否定的事實。在「默示郁哈納」裡，談到神國來臨前，世間的惡行和淫蕩到處橫行；又在上述兩本印度的作品裡，也提到螺王轉輪王與彌勒，或在庫利休納這位救世主下降以前，會有「鬥諍時」、「刀杖之劫」等末世；〈無量壽經〉也描述阿彌陀佛解救世人以前，有一個「五濁惡世」存在。

這一點也跟拜火教在基本上一致，因為拜火教亦說一位名叫莎歐休揚特的救世主，跟惡魔世界打得很劇烈。這在東西雙方的各種宗教裡，某種整體性的類似處，可說強烈地把細部的異同化成零了。

在〈無量壽經〉諸版本裡，「五惡段」只出現在上述三種譯本中，反而在後期諸版本，例如，現存梵文本、藏文本，和菩提流支譯『大寶積經無量壽如來會』，法賢譯『無量壽莊嚴經』裡找不到。因此，有許多學者認為「五惡段」在原來〈無量壽經〉裡不存在，而是支謙和支婁迦讖等初期的漢文譯者在翻譯時插進去，『大無量壽經』的漢譯者（康僧鎧、佛陀跋陀羅、法雲）也在整理前兩經的漢文時插進去。三本「五惡段」的文章很類似，其中也不乏道教與儒教的術語，這些常常被當作後人插入的根據。

「五惡段」到底有沒有存在原來〈無量壽經〉裡，無法做文獻學性的決定。原因是，文獻學這種玩意兒倒沒有這樣偉大。現存梵文本或藏譯本算是相當後期的東西，而缺少「五惡段」這兩本漢譯，也是八世紀與十世紀的東西。連這個在內的三本漢譯，尤其，其中兩本古譯（二——三世紀）裡有這一段，則反映紀元一世紀印度北方的社會情狀，也跟一般救世主的思想結構一致，這是不能忽視的關鍵。

漢文寫得很精彩，頗能打動人心，其間放了若干儒家與道家的術語，這只能表示漢譯者的才華，而不能當作插入說的依據。即使現代的佛經翻譯者，為了要把梵文表達得深入淺出，也常常會借用西洋哲學的術語，和現代流行的名詞。假定這段話在原文裡找不到，而純粹是三位漢譯者插進去的東西，那麼，這可以證明三位譯者的天才，實在值得慶賀，因為沒有「五惡段」的〈無量壽經〉，便會失去一半的宗教價值。

2　拜火教與佛教

拜火教

拜火教的聖典『阿威斯塔』早在莎桑王朝的波斯時代（二二六——六五一）便進行最後編輯，但它遠自阿肯美內斯（紀元前五五〇—三三〇）和阿魯莎肯斯（紀元前二五〇——後二二六年）兩個朝代開始就有了口頭傳承。這部聖典是用伊朗語寫的，包括「亞斯納」、「亞休特」、「威德烏達特」三大部份。所羅阿斯達（拜火教）的說教用詩的形式，屬於祭儀書，放在「亞斯納」裡。「亞休特」是主神以外，讚嘆伊朗民族諸神的歌，而「威德烏達特」應該屬於一種戒律書。

在莎桑朝時代，這本聖典的阿威斯塔語僵硬不通，才被譯成中世波斯語，而稱這種翻譯與註解為『色當』。其中一部份具有百科辭典的特性。

所羅阿斯達是拜火教（祆教）的創始人，堪稱一名宗教改革家，生長在紀元前七世紀中葉到紀元前六世紀後半。基本上，拜火教是二元論，主張一位光明與善良的創造者，和那位黑暗及罪惡的創造者互相對立或作戰，最後由前者獲勝。到了莎桑朝時代，才出現一位超越和統一善惡兩神的無際時，也顯示一神教的傾向。

光明與善良這位大神率領六名大天使，在保護創造物。從大天使到稍微低層之間，尚有無數位天使和神，他們以精靈的身份在活躍。在阿肯美內斯朝的哈馬當碑文上，有兩神的名字跟善良光明這位大神並列，所以，初期的拜火教好像印度的阿彌陀三尊一樣，也有三位一體的思想。

名字並列的兩神是米斯拉和阿拿希達，米斯拉神跟印度的米脫拉神相通，當然也跟米脫拉衍生出來的字「彌勒」有關係。阿拿希達神也是一位跟河川與水有關的女神，可以比擬印度的「弁才天」。

根據拜火教的說法，現在世界的存續期間有一萬兩千年，它可以再分割為每三千年一期。最初三千年屬於精靈創造的時期，也是光明與黑暗兩大神開始交戰的時期。第二回的三千年是光明與善神創造大天使、天空、水、大地、人類與動植物時期，而黑暗與惡神也在努力創造惡靈。第三回的三千年是兩神率軍隊戰鬥的時期。最後三千年是從所羅阿斯達的出現開始，到最後審判那天，會有死人復活，才完成光明與善神的勝利以及最後統治。

拜火教的信徒相信靈魂不滅，生前的行為統統寫在「生命之書」上面。死後，他的靈魂會到「金瓦脫橋」，那裡有米斯拉率領三位天使組成的審判官，會判決他生前的行為。善魂過了金瓦脫橋，會直奔天上的樂園，而惡魂會墮入地獄，承受永劫的苦難。兼有善業與惡業的人，他的靈魂會停在天國與地獄之間的淨罪界，等到最後審判，看看自己的下場。

在最後三千年紀，所羅阿斯達的三個兒子，紛紛前往各三個千年紀去管理。這三個人叫做灑歐休陽脫。在中世波斯文寫的書籍上，很重視第三灑歐休陽脫，他成了專有名詞和獨有的名字。

在最後審判那天，灑歐休陽脫以救世主的身份顯現，要預告審判的情形。此時，天上突然落下一顆彗星，引起大火，溶岩流到各地，而淨化了天地。光明的善神在最後決戰時，完全摧毀了黑暗的惡神。

光明思想的起源

上面談到巴夏姆的意見之外，也提及大乘佛教與拜火教間的關係，在此要簡單回顧一下。

光明神是光環的持有者，大乘佛教有許多位佛爺，也不乏部份名字含有光明的意思。最顯著的例子是大日如來。阿彌陀佛除了是一位無量光佛以外，也有十九個由光明造成的不同名字，這種偉大的光明便成為佛陀的最大特色。

這位光明之神常住在光明裡。「新耶路撒冷」那位神的兒子，和『那先比丘經』上在涅槃都城的佛弟子，極樂的無量光佛，全都用這股光明覆蓋著日月。依我看，東西雙方宗教有一種共同現象表示，因有神的光明才失去日月星辰，這一點恐怕起源於拜火教（祆教）。

依據〈無量壽經〉的兩本古譯——『大阿彌陀經』和『無量清淨平等覺經』的內容，獲悉無量光佛——阿彌陀佛的光明太過輝煌，才覆蓋了日月星辰為其運行。這一來，那個國土就沒有黑暗的時候，日月和年歲等時日也消失。歷經無數劫都不會黑暗。那是因為阿彌陀佛的壽命極長所致使。這裡提到阿彌陀佛的光明太大才會沒有時間，也因此使阿彌陀佛的壽命極長，用這種方式說明何以阿彌陀佛會有無量光佛和無量壽佛這兩個名字的原因？

還有更重要的是光環或光輪。上述佛像是在印度跟著大乘佛教的興起才開始製作出來，但在這佛像的頭部與身體背後會現出光明，所謂掛著光背。但在印度古代的初期美術裡，在造型上根本沒有看過什麼神具有光背的形像，也就是沒有這種前例。

光背在印度的出現，最早的例子是沙卡族在紀元前一世紀初期的貨幣上，有一位神像在輪形的頭上帶光。在幹達拉美術裡，最早出現的佛像（紀元後一世紀後期）就已經帶有頭光了。到了第二貴霜朝時，不僅神像與佛像有頭光，連國王的肖像也有了。在馬特拉美術裡，佛像和耆那教聖者的像都帶有頭光，這可不能追溯到紀元後二世紀以前。有一枚迦膩色迦王的金幣上面，就有國王的浮雕像，而裡面有頭光及身光的佛陀像，並用希臘文刻著。

比索脫磨崖信仰光明善神的像，係在紀元前五一九年造成的，那位光明的善神除了身上掛有光輪，左手也拿著國王授與的另一光輪。

光輪也象徵國王的權威。拜火教的聖書上有一名伊瑪王統治某國有千年的福樂，後來犯罪才失去王位。同時，他的光輪呈鳥的姿勢，離他而去。或因光輪的離去，才使他失去王位。這則故事很類似『轉輪聖王獅子吼經』那個象徵轉輪王的輪寶。尤其，輪寶不叫光輪，這部經典也有理由不叫大乘經典。

光明善神創造的光輪，也給予拜火教太陽神的米斯拉和阿拿希達。在印度，既不曾聽說釋迦牟尼佛放出什麼光明，也沒有過光輪之類的光明思想。所以，紀元前後的經典上，尤其在大乘經典上有過強烈的光明思想，佛像上好像帶著頭光與身光，無疑起源於伊朗的光輪。

印度與伊朗有潛在的共同要素

阿彌陀佛的佛國土是西方極樂世界，遠在十萬億佛土那裡。依照印度『韋馱』書上說，米特拉和瓦爾納兩位神的國土上可以看到太陽，也是死人之王亞瑪神的國土，那裡是「無窮盡的光明」世界，太陽的馬離開車子跑到太陽落下的地方，正是指西方。跟這個相對應的神話在伊朗也有，例如光明善神的王國正是「看太陽」的地方，那是光明的土地，也是幸運死者往西方下界的所在。

伊朗與印度的接觸，始於紀元前六世紀，之後長期持續著。而且在印度的『韋馱』聖典與拜火教的聖書之間，不論語言與神話方面都有共同要素。所以，我們認為這些共同要素可以反映出一種事實——它們在兩地發展，也呈現在後代的並行現象，在紀元後的特定時代，也許就無須認為光明思想和西方死人國的思想，係從伊朗傳到印度去的。

小乘佛教時代有過彌勒這位未來佛，他在大乘佛教是一位代表性菩薩。在言語上，彌勒涉及印度的米特拉神，和伊朗的米斯拉神，至於他所扮演救世主特性，就跟拜火教的灑歐休陽脫相通。

除了『韋馱』的亞瑪王國以外，大家相信輪迴說以後，直到紀元以前，印度社會始終沒有世界末日論，只有信仰阿彌陀佛以後，印度復現世界末日論，只要唸唱阿彌陀佛，便能往生極樂世界，在那裡能得第二個永恒的生命。不論亞瑪王國或阿彌陀佛的極樂世界，都跟拜火教的終末論相同，因為拜火教那位灑歐休陽脫用最後審判來救濟善人，並給予永恒的生命。在終末論方面，信仰阿彌陀佛也類似拜火教和基督教。

光明的善神率領六位大天使，大天使之下又有無數位天使，這項觀念很類似基督教的天使和大乘佛教的菩薩觀念。可知初期拜火教那種三位一體的概念，也跟基督教所謂神、子及精靈三位，以及大乘佛教的三尊佛相提並論。

如果只談印度佛教，那麼，大乘佛教含有不少類似拜火教特點，它本來是同一根源——即印度與伊朗阿利亞文化潛在性的共同要素，經過紀元前後兩種文化的劇烈交流，到了紀元一世紀才在印度擁有龐大勢力，這種看法也許比較恰當。

3 小乘與大乘

佛教學者通常把印度佛教的歷史分成四期。

(1)是佛陀和自己一群弟子的佛教（根本佛教，原始佛教）。(2)是佛教教團分成兩類，之後再衍生許多學派的時代，大約從紀元前三世紀末起到紀元這段期間的小乘佛教（部派佛教）。⑶是跟這個相對抗的形勢，從紀元後一世紀開始興盛的大乘佛教。⑷是紀元六世紀以後盛行的密教（金剛乘）。

當然，這種時代區分很方便，大乘的萌芽係從小乘時代開始，即使說大乘成立了，但是，小乘佛教也照樣存在。

釋迦牟尼佛的教理

且說有一個富商太太突然失去了獨生子，她傷心地抱著死去的兒子到處踽躑，逢人便央求對方給些藥物。大家都在奇怪：「我哪有什麼藥物能醫好一個死人呢？」有些人很同情這個瘋婆子，便指點她去找佛陀想想辦法。當她來到佛陀那裡，便央求佛陀給些藥物醫好兒子。佛陀對她說：

「你只要到街上找找那個沒有死過人的家庭，要些芥末種子來便行了。」

那個可憐的瘋婆子果然挨家挨戶去問，誰家裡沒有死過人？結果，每個家庭都有死過人。

這一來，她才發覺無常存在世間，連神仙也難免。於是，她返回佛陀的精舍央求出家，佛陀也答應了，她專心修行，以後得到解脫，成了一位聖者。

巴夏姆介紹這則故事，同時強調佛陀在故事裡的教化方法，跟耶穌的教化——逐一醫治病人，用奇蹟讓死人復活——之間含有相對的差別。

佛陀常常很冷靜地指示事物的本質讓世人看，而不運用神通或奇蹟，之後才等待世人自己去領悟真理。

佛陀教導世人四項真理——苦、苦的原因、苦的消滅和滅苦之法等四項。佛陀所說的苦，是生老病死和面憎會苦、愛別離苦、求不得苦。總之，身心的要素全是苦惱（四苦加起來為八苦）。

人間的苦惱有許多類別，例如戰爭、暴力，盜難、戀愛苦惱和家庭問題等。然而，佛陀比較不注意諸如這些現象性的苦，反而比較關心本質上的苦腦。佛陀教示世人，少壯時已經會有老與病，而出生時便已有死亡在等待。原因是，人類的身心本身就是苦了。

但是，佛陀所說的苦，倒不以為人的存在具有實體。例如，形體、感受、表象、意欲和認識等身心的諸種要素為實體。如果形體裡有不變不滅的實體，那麼，身體就不會生病，且能隨意表示，我的身體要這樣，不要那樣。事實上，因為形體沒有實體，才會生病，不能隨心所欲了。感受、表象、意欲和認識方面也一樣。這五種要素不能永久存續，變化不定，才會生苦惱。那種既不能永續，又經常變化和苦惱的東西，當然不能說它即是我，我的東西或我的實體。

佛陀開示世人這五種要素——一切事物都是無常，苦惱和沒有實體的東西。換句話說，苦即萬物都沒有實體，既無來路，也無去向。那是靠原因和條件的集合才產生的，反之，沒有原因和條件時便會消滅。

那麼，只有苦滅才算絕對的平安。苦惱的原因是慾望與無知。如果慾望和無知滅去，才有絕對的安樂。那麼，怎樣才能到達絕對安樂的境界呢？就得靠八條正確的路（八正道）——正確的看見、正確的思惟、正確的說話、正確的行為、正確的職業、正確的努力、正確的留意和正確的冥想了。

佛塔與在家佛教徒

佛陀在世領導的佛教團體，係以出家僧尼為中心，一切運作也根據出家人的需要或規矩。佛陀圓寂以後，這種狀態依然持續，後來才起了變化。

佛陀臨終時告訴阿難說，你們比丘們不要參與自己的葬儀，因為那是世間的婆羅門，王侯和在家信徒的工作。佛陀圓寂時，八位國王和一群在家信徒，便火化佛陀的遺體，之後將骨灰放入塔裡，供奉香花，也用奏樂歌舞來供養。由此看來，在家信徒以祭祀和崇拜佛塔為中心，而跟出家比丘與比丘尼等僧團不同，結果，在家信徒的團體逐漸發展，並形成一群在家信徒的佛教。他們認為塔裡的佛陀還活著，仍在監視自己的生活行為。

本來，有些戒律也禁止出家的修行人去看或聽歌舞與摘花。在佛塔的儀禮方面，因為用音樂、舞踊和華鬘等供養，周圍也召開市集，舉辦世俗的歌舞，開店做買賣，所以，比丘和比丘尼都不曾參加塔的儀禮和祭祀。在經濟方面，塔的運作跟僧團分開，彼此沒有來往，大體上各自獨立存在。

現在佛的出現

有一種情狀叫做三皈依。遠從佛陀在世時候開始到現在，世人在皈依當佛教徒時，規定要唸：「我要皈依佛、皈依法（真理的的教義）、皈依僧伽（僧團）。」但從佛陀圓寂以後，那些膜拜佛塔的信徒們說：「我要皈依佛」，言下倒不認為佛陀是圓寂了很久的人。所以，拜塔或聚集在佛塔前的在家佛教徒，仍以恭敬心面對佛陀，不同於僧團那種真理的宗教，而是一種信仰的宗教。

很早開始便有一種說法，遠在釋迦牟尼佛以前便有六位佛了，而釋迦牟尼該算第七位佛。據說阿育王也曾修復和供養一位過去佛的佛塔。未來會有彌勒如來出現，這種信仰在阿育王死後依舊存在。原因是，遠在紀元前二世紀，就相當流行過去和未來諸佛的信仰了。

阿育王以後，佛教教團分裂為上座部和大眾部兩派，且彼此又衍生出許多支派，保守的上座部系都認為一個時代、一個世界也只有一位佛，而不會有許多佛陀。現在仍然是釋迦牟尼佛時代，在彌勒如來出世以前，也就是無佛的世界。

我們現在活在無佛的世間，這種觀點依那些崇拜佛塔的在家信徒們看來，簡直無法接受，他們屬於好意與進步的大眾部系的諸部派。

他們認為現在佛陀即使不在了，但在東方與西方的其他世上也一定有佛陀在世，這樣一來，現在有十方諸佛的觀點便穩定下來了。大乘佛教興起以前，便有一種信仰說，東方世界已有阿閦如來，西方世界有阿彌陀佛等。在家信徒們崇拜佛塔，很憧憬現在佛，這種狀況無疑開闢了大乘佛教的路子。

燃燈佛授記

在小乘佛教寺廟裡，不允許比丘和比丘尼談論或熱衷世俗的話題與故事。但若在說法時，參雜些世俗故事，對於弘法有極佳的效果。因此，那些聰明機智的比丘們，便設想各類的故事，當做佛陀前世修行的經過，藉此編造很大的法網。所謂「本生談」，專門談論佛陀前世的事情，恐怕就是這樣產生出來的。佛陀傳記文學，或以佛陀身邊的人為主角的譬喻文學，也從同一個傾向產生的。

「燃燈佛授記」的故事也是「本生談」的一種，也可看作佛陀傳記文學發端故事。在遙遠的過去世，釋迦牟尼佛出身為一位名叫美加的年輕人。他有一天看見燃燈佛，便獻上五莖花，將頭髮剪下來鋪在泥土上，讓佛陀走在上面，自己發誓和起願，將來一定要得到一切智，成佛作祖。於是，燃燈佛便預言他將來會成佛，名叫釋迦牟尼佛。

這則故事發生在紀元前二世紀，但值得注意的是，它卻成為「菩薩」一詞和思想的起源。在這則故事裡，且說美加那位年輕人得到燃燈佛的預言時，便產生菩薩這個名詞和思想了，因為決定成佛的有情（有意識的生靈），後來都努力修行，想要得到一切智，成佛作祖。恐怕以這則故事為契機，才有所謂「追求佛悟的有情」一語。

人人是菩薩

由此可見，菩薩一詞便由於釋迦牟尼佛在現世成道以前，歷經無數的前世，和不斷修行時所用的不同名稱，從此以後才有菩薩的出現。

但不僅過去佛和未來佛，還有現在十方世界也有無量的佛陀，結果，這些佛陀在修行中也一定算菩薩了。例如阿閦佛和阿彌陀佛在成佛以前，就叫做阿閦菩薩和法藏菩薩。現在兜率天那位彌勒佛，也叫彌勒菩薩。其他世界也像觀音或大勢至一樣跟隨佛陀，不久也會成佛，而那些菩薩們也多得數不盡。

如果過去、現在和未來有許多佛陀的話，那麼，就有無數的菩薩想修行成佛，他們不論現在或這個世界上一定會現出神、人與動物的姿態，也許就是你的鄰居或菩薩了。如果信仰大乘佛教，那麼，大家都希望成佛，而大乘信徒也一定要叫做菩薩了。這一來，大乘佛教一開始，修行人也全部叫做菩薩。即人人皆是菩薩的誕生。

佛陀與阿羅漢

所謂阿羅漢，意思是值得供養的人，即是聖者，釋迦牟尼佛的不同名字之一。佛陀在世時，據說斷盡煩惱，體驗涅槃的弟子有好幾百人，而他們全都叫做阿羅漢。在智慧與超能力方面，釋迦牟尼佛遠遠超過阿羅漢的弟子。但在斷盡煩惱與無知方面，這些聖者全都一樣是阿羅漢。

然而，釋迦牟尼佛圓寂很久以後，他就被後人理想化和神格化了。佛陀歷經過去無數劫的生生死死，付出各種犧牲，累積各種善行，又具有非比尋常的三十二種身體特徵，有過特別的修持，因此才能出生這個世間成就佛陀。

但依照小乘比丘們的看法就不一樣了。我們出生這個世間以後才遇到佛法，接著才開始修行而已。而不可能像佛陀那樣有過無數過去世的修行。我們怎能跟佛陀一樣成為一切知者和三十二相具現者的佛陀呢？我們一世、二世或七世之間，只要能做個斷盡煩惱的聖者就行了。這就是我們所盼望的最高理想。

這些比丘們便把他們理想的聖者叫做阿羅漢了。這時，就用阿羅漢一詞來表示跟佛陀不一樣，乃是遠不如佛陀那個階段的稱呼。同時，在阿羅漢以下，又設有更低層次的聖者階段，那就是不還、一來和預流。

大天的阿羅漢批判

有一種人叫做大天，他們跟大眾部系，也就是南印度那些熱衷佛塔崇拜的部派有深厚的關係。雖然，不可能確定年代，但也估計在紀元前二〇〇年左右。在上座部系的書籍上，都把他描寫成大逆不道的壞人，反而在大眾部系的傳統方面成了德高望重的聖者了，那是因為大天開始批判阿羅漢了。

原來，大天指摘阿羅漢有五項缺點，他認為小乘佛教的最高聖者——阿羅漢，仍然會遺漏精液，對於動植物和土地名稱，也難免有許多無知和疑惑，而無法自覺出是個聖者。

總之，大天批判上座部系的比丘們，自己設限佛陀的教理，即使不能成佛，成就阿羅漢也不妨，理想未免太低些。他主張佛教的修行人必須回歸佛陀的教理，以成就佛陀和一切知者為理想。

小乘佛教認為只有出家的修行人才能成就阿羅漢，縱使在家信徒德高望重，學識淵博，也不能成就阿羅漢。只能成就比阿羅漢層次稍低的聖者。即使大天不這樣說，他真正的意思也許主張出家和在家信徒雖然不同，唯有經由成佛這樣崇高和唯一的理想，才能使兩者平等一致。

僧院與社會

釋迦牟尼佛在世時代，出家修行人除了雨季旅遊會有危險的幾個月以外，其餘時間都到處弘法，而不曾定居在一個固定場所。然而，這種到處雲遊的習慣到佛陀圓寂後不久，就被摔棄了。比丘和比丘尼便團體住在僧院（塔、精舍）裡安居下來。僧院的規模隨著時代進展而逐漸擴大了。一直到後代，像那爛陀、威克拉瑪西拉等僧院，多數朝向佛塔，比鄰一起，樓層很高，可讓五千名到一萬名的學僧們一齊安居落腳。

僧院在經濟上都能得到當地的王侯和富豪的支援，所以擁有寬闊的莊園。許多膜拜佛塔的信徒在歸途中，會順便到僧院來聽聞說法，廣行布施。還有許多僧院建築在市郊外十公里左右，這種現象司空見慣。

當然，眾比丘要嚴格遵守戒律，過那種禁慾和克制的生活，全心全力在打坐和學問方面。他們對那些來訪的在家人，或被在家人接去款待及供養時，都要向他們講解佛道，也就是對他們負有教育的義務。

在經濟上，他們不僅得到保障，也能在職業、家庭和社會生活方面不受任何義務與繁瑣的拘束，而得到充分的解放。在這種環境下，那些比丘們的學問便趨向細膩又有體系，禪坐的境界愈來愈高，也能長期修行下去。

一群眾比丘的修行與學問，算是很專業的東西，很難讓一般信徒們接近。在家信徒為了生活，必須要認真作業，養家糊口和社會事務。許多信徒也都是文盲，恐怕既沒有學問，也不去打坐或冥想。

那些象牙塔的學者們雖然認真研究學問，其實，那些學問對芸芸眾生根本牛馬不相干，同樣地，那些長年住在僧院的小乘佛教，也把在家信徒們放在一邊了。

本來，佛教一開始就擁有慈悲與利他精神，無如，那些小乘比丘們只顧自己的解脫，而專心於學問和冥想，反而不太理會在家信徒和社會事務。難怪有人指責小乘佛教很自私，這種論點不是沒有理由的。

「原始大乘」的時代

遠在紀元前三世紀末，佛教教團開始分裂成保守的上座部，和進步的大眾部，而在這兩大系統的諸部派之間，不論教義、戒律和理想等方面都格格不入，且在僧院的出家佛教與在家信徒的佛教之間也對立了。在家佛教的集團原先是以崇拜佛塔為中心而發展起來的，而大眾部系的諸部派純粹支持這種傾向，誠如上述，兩者在諸佛的信仰、菩薩思想、成佛理想以及在家人學佛等觀念方面獨成一派，並逐漸成長起來。

不管怎麼說，從紀元前二世紀以來，歷經好幾個世紀，外來民族侵入印度西北，又從西亞進入別種宗教，才迫使佛教進行改革。詳情如第三章及本章所說一樣。

起先，『八千頌般若經』區分了小乘跟大乘，用「大乘」一詞代表原來各部派的佛教。有人說這部經在紀元一世紀成立的，但在這部經典出現以前，早有阿閦佛與阿彌陀佛的信仰存在了，六波羅蜜與菩薩思想也在成熟之中，照理說，學者所謂「原始大乘」的時代也已經有了。

拜火教含有大乘的要素

巴夏姆說，伊朗的拜火教贏得了印度西北部居民的信仰，它包括四項內容：

(1) 碰到實際苦難時——便期待神的解救。

(2) 為了正義要有正確的決斷。

(3) 神聖的解救者能夠清淨世界，希望以後有偉大的日子。

(4) 要徹底解救各種有情眾生。

佛教從印度西北流入阿富汗和中亞以後，就(1)要求性地要有神明那種菩薩教義。(2)是菩薩誓願。(3)信仰諸佛和未來佛具有深厚慈悲行來助長世界進步。(4)相信眾菩薩在究極上會使芸芸眾生得到幸福。

初期的拜火教，比起紀元前的印度宗教，就顯得非常現實，目的放在現世的苦難。拜火教的教祖所期待的境界，含有若干政治性質，在他身邊的牧民和農人，都盼望逃離惡政和暴君的迫害，早日過著自由和平的日子。換句話說，他以實踐與直接的態度關心人生的苦惱。

當時，一般百姓苦惱的原因，在於錯誤的選擇，為非作歹。苦惱即是飢餓、掠奪、殺人、迫害以及那些舊宗教信徒任意屠殺家畜。光明善良之神在控制實際的解救行動，沒讓他們脫離苦惱，神的助力者只向苦惱的農夫和慘遭殺害的牛群伸出援手。

但在另一方面，釋迦牟尼佛採取不同的態度探究人生的苦痛，他認為生老病死是人生的本質，而這些才是人生真正的苦痛。那麼，要怎樣解救人生的苦惱呢？只有自己設法消滅煩惱與無知，才能得到內心的絕對安寧。那些小乘佛教的聖者們也承受佛陀這方面態度了。

當時，老百姓的家庭和生命財產都被外族搶走，叫苦連天，當他們向小乘的聖者——阿羅漢求救時，阿羅漢說，你們看看我好啦。儘管他們的寂靜超脫世俗，無奈，老百姓現實的窮困迫害，始終得不到解決。

在本生經的許多故事裡，例如觀音、法藏等大乘菩薩們，作風便跟冷酷無情的阿羅漢不一樣，為了解救一隻小蟲的性命，也肯犧牲自己。何況，像火難、水難、刀難、盜難等具體災難，讓眾生受苦時，更應該挺身去解救了。於是，法藏菩薩便立了廿四（又稱四十八）項誓願，要拯救天下蒼生的苦難，並建立幸福的佛國土。

在「燃燈佛授記」的故事裡，那些主角就像〈無量壽經〉的法藏菩薩一樣，在開始修行之際便會發下誓願。誓願的內涵是，希望救渡無量無邊的眾生，即使有一名有情眾生尚未得救，自己寧可停止涅槃，也非去救渡他不可。

眾菩薩的意志與誓願，都算很實際的救渡行動，足以比美拜火教的苦難救濟，與堅決的個人誓願。拜火教的明顯特色，在於個人的選擇與決斷。光明的善神一開始便維持正義、真理與光明，並決心跟邪惡的黑暗惡魔在戰鬥，而拜火教的信徒也非這樣做不可，為了光明的善神，真理與光明的緣故，信徒只要有正確的決斷，那麼，就能赦免他昔日的罪惡。

至此，大概不需要詳述巴夏姆在大乘佛教所列舉的對應情狀了。在『轉輪聖王獅子吼經』裡，有一位救世主是彌勒，他在大乘佛教是一位極有份量的菩薩。

拯救罪人

關於巴夏姆所說的第(4)項，不妨再解說一下。在拜火教裡，由光明與善神創造出來的人，到底相信光明的善神呢？還是親近邪惡與黑暗之神呢？這完全靠他自己來決定。倘若他選擇前者，便能前去樂園；倘若他選擇了後者，那麼，他的靈魂便會下地獄，永遠不能得救了。

後來在印度成長的有神論，一直想追隨拜火教的足跡，再三強調壞人，只要他肯信仰某某神，也照樣能得救。即使他滿身帶著惡業，只要他肯信那位神，也能前往那個神國去。佛教的阿彌陀佛亦是這樣，縱使對方不曾修行也不曾供養佛塔，甚至做惡多端，全身帶著罪業，只要肯唱唸阿彌陀佛，那麼，阿彌陀佛也依然會讓他往生到西方極樂世界。

這裡所說的神，與佛陀的慈悲，都採取同樣的態度，原則上，個人的去向要依過去的業報來決定，但有些壞人非下地獄不可，只要他肯信仰本神或佛陀，也能改變他的業報。這種業報與信仰的問題，便成了印度有神論的特徵。

以前，印度宗教有一項鐵則是，人造了惡業時，必然會下地獄。不論人與神都一樣。在這項業報的必然性面前，顯得完全沒有力量。但是，佛教的阿彌陀佛便打破了這項鐵則，改變了業報觀念。那麼，這種轉換業報的情狀，便叫做迴向了。

第五章　迴向的宗教

1 業報與廻向

儲蓄與貸款

許多人習慣把業報叫做銀行存款。我們平時努力工作，之後把錢存入銀行裡。日子久了，存款會增加，本金加上利息，數量便逐漸龐大。這種存款依據數量多少，可以保障存款人的幸福程度。

然而，銀行不但是一個存款的地方，也是貸款或借錢的所在。不論是固定，長期或短期取款，都會從存款裡支付。有人只去取款而不存款，便會成為負債。這一來，負債會跟隨自己，不論逃到哪裡，那筆債務或欠款就會追隨到那裡，並毫不留情地迫使你趕快還錢，清算欠債。

若依拜火教的論點，人死後的靈魂，只能在身邊停留三天，之後，乘風到奈何橋。橋邊有三位判官天使會秤一下靈魂。倘若他生前行善，比行惡重得多，那麼，這個靈魂便能渡過奈何橋，前往天國。相反地，如果惡行比善行重得多，那麼，這個靈魂便會從這條細小的奈何橋掉下地獄。

銀行存款有一種情況便是平衡的結果，這可以代表奈何橋的秤重，存款與借款、福業與罪業……等方面的輕重狀況，表示幸福與災禍在量方面的對應情況。

然而，存款的特性不但這樣，通常會有存款人，甚至會有無名的存款，但也有它的帳號，這倒不是沒有幕後的存款人。沒有存款人的存款是一點兒辦法也沒有，這樣當然沒有借款了。借款就得有借款人。如果顯然沒有借款人，銀行就不可能把錢支付出去。

由此可見，存款與借款有兩種特性。一是在量方面，存款與貸款代表幸福與不幸的對應情形。二是存款與貸款的結果，表示其間一定有持有人存在。

銀行不允許客戶領取別人的存款。銀行也不會因為我的貸款，去向別人追討的。存款與貸款在量方面必然跟幸福與否相互對應，這不妨叫做「物理的必然性」。其次是，貸款與存款只會關係持有人的福禍，而跟別人無關，這種必然性叫做「自己責任性」。

當然，郵局也能存款，不過，銀行存款有一種特殊的形而上學特性。它有兩項特徵：一項是指存款沒有本性，而是呈空的狀態；另一項指存款也會根據用法不同，來轉換內容與方向。

洪水與印度人的智慧

年輕時代，我在印度恒河流域的那爛陀住了三年，充分體驗過雨季洪水滋味。從六月到九月，印度有持續的雨季，那種情況不像台灣的梅雨那樣悠閒，或若無其事的樣子。因為印度的情況是，連續半年以上，天上一點兒雲也沒有，只見烈日當空、乾燥悶熱，只要現出一點兒黑雲，頃刻間，便會烏雲密佈，大的雨點紛紛落下、兩三天都停不下來。恒河很快會氾濫，在兩三天前，好像沙漠般的旱田，也立刻成為一片泥水的海洋。反正洪水每年一定會發生。

印度的農家多半用泥土建造的。他們把田裡的泥土鍛煉之後，再築成厚壁，上面用竹子與稾當屋頂、揉著牛糞，把床塗得很乾淨。所謂家俱，也只有煮飯的大鍋，用它來洗口，或裝水沖洗糞便。此外，還有錫製的小壺和旋筒，以及幾件衣服而已。因為他們把食物放在香蕉葉和樹葉上面，吃飯用手抓，結果就不必用到碗盤之類的東西了。

一旦洪水氾濫時，泥土建築的家庭很快會被溶解掉。一般農民便把鍋子與旋筒用棉布包好，放在頭頂上，捲起褲管，打著赤腳，逃到沒有被洪水淹沒的小島上，同時，從這個島逃到另一個島，一直躲避洪水的追逐。然而，婦女在手腕上戴著金銀造的手環，腳上也掛有同樣的腳環，男人也戴有金造的長項鍊。在棉布的周邊掛著袋子，裡面暗藏些寶石。

這些都是印度人生活的智慧，幾千年來，他們要在戰亂與洪水的逼迫下生存，才設想出這套名堂。許多家屋被洪水溶解掉，也只有待雨季結束才能回來，這時候，又用泥土重新建造房屋。如果逃往別處，要解決飲食問題時，只要用手環與金項鍊跟當地的人換米便行了。因為金、銀、寶石等是各地通行無阻的貨幣。

存款的四種特性

在上述的情況下，銀行存款就派不上用場了。縱使你展現自己的存款帳簿，也得不到食物。紙幣在別地方不適用，吃下去也沒營養。上述銀行存款沒有本體，所以才會呈空性，它的理由便是這樣。

倘若在極限的狀況下，金銀財寶也照樣派不上用場。一旦飢荒時，恐怕用金銀財寶也換不到食物了。在汪洋大海的孤島上，縱使有金銀財寶想跟別人交換食物，也照樣無補於事。結果，不論金銀或財寶，也跟紙幣與存款相同，都統統落空了。總的來說，只有帶著「空」這種東西逃走最聰明，也最方便。

如果人們知道自己的存款全空了，也許會更慷慨也說不定。倘若存款很多，也許有人會貢獻出來給社會人群。因為是自己的錢，才能任由自己使用。因為妻兒不會講話，才會把財產過戶給情侶，或把它捐給慈善事業。

上面談到存款一定有主人，或有自己的責任性。換句話說，那叫做存款的非讓渡性。例如，不允許領取別人的存款，也不許用別人名義貸款，否則便成欺詐行為，這些都屬於存款的非讓渡性。

不過，另有一種情形叫做存款的讓渡性，那是指這筆錢是自己的，自己有權處理它，所以，才能將它轉讓給別人。結果是，非讓渡性會轉換為讓渡性。由自己轉讓給別人，或由別人轉讓給自己，因為有這種讓渡性，才稱它為「方向轉換」，而存款便有方向轉換的可能性。

然而，所謂存款的轉換可能性，並不限於方向轉換而已。我們可以動用自己的存款建房子、買寶石，但也同樣可以用來布施給寺廟，或買一張票到極樂世界。有時候，也能像菩薩或天使一樣，做些利益眾生的大事業。存款是一項極世俗的東西，卻也可能轉換成宗教與出世間的東西。反正存款是空性的，所以才會無所不能。總之，存款有一種可換性，能轉換成別種東西，這不妨叫做「內容轉換」。

由以上的說明看來，銀行存款大體上有這四種特性。

(1)　物理的必然性——存款與借款在量方面足以跟幸福與否相對應。

(2)　自己的責任性——存款與借款都要有持有人，而跟別人扯不上什麼權利或責任。

(3)　方向的轉換——話雖如此，自己的存款也照樣能轉讓給別人。

(4)　內容的轉換——存款也能轉變內容，將它轉變成物質與精神方面的其他東西。

業報——(1)物理的必然性

龍樹（紀元一五〇—二五〇年前後）在『寶行王正論』裡，提到惡業與報應的情形。

依據他的論點，殺生的人，下輩子會短命；愛用暴力的人，會多苦惱，偷竊的人，下輩子會貧困，得不到惠賜；而犯邪淫的人，會深受別人的怨恨。妄言會引起糾紛，中傷會引起友情的破壞；惡言惡語會一直聽到不愉快的話，愛諂媚會引起別人的責罵。貪婪之輩會破壞自己的願望，憤怒是恐怖的原因。有邪惡的念頭，便有錯誤的見解，喝酒會使人失去理性。不愛布施的人，會陷於貧困，倘若生活不規矩，便會被人欺瞞；高傲的人下輩子會出生卑賤；善嫉的人會帶來卑弱的後果；怒火中燒的人，會出生卑賤的家庭；不愛請教聖賢時，下輩子會很愚笨。

以上是人間世界的因果報應，如果為非作歹，性格殘酷，便會出生地獄、餓鬼和畜生。

有一天，釋迦牟尼佛走在路上，正好有一隻狗在路旁不停地向佛陀狂叫。佛陀便告誡那隻狗說：你上輩子威脅別人，以掠奪為生，這輩子才得到報應，出生為狗，你還不知道其中的緣故，依然朝著行人猛叫，怎不快些醒悟呢？狗聽了馬上蹲下來，淚水直流，再也不敢狂叫了。

佛教強調三報原則——現報、生報和後報。現報是指人在這輩子所做的善惡行為，會在現世得到應有的福禍報應。生報是指這輩子的善惡行為，會在下輩子接受應得的果報。後報是指這輩子的善惡業，經過兩世、三世以後才會有果報。

因此，善人若在現世屢逢霉運，潦倒不堪，而壞人若在這輩子榮華富貴，一帆風順，那是因為得自過去世的業報使然，而眼前的善業惡業會出現在下輩子，或再下輩子，所以，現在不要灰心，還有機會改惡遷善。當然，現報的情狀是，現世的業報即刻出現在現世。

龍樹所揭示的業報或果報例子，都出現在原始佛教的經典裡，他只借它來說明而已，一般人也相信不疑（巴利文的「中部」一三五經，漢譯「中阿含」『鸚鵡經』等可以參考）。其間只列舉惡業惡報的內容，至於善業善報的情形，不妨看作苦果的相反。例如，不殺生的人，下輩子會長壽，而經常布施的人，下輩子會出生富豪家庭。

由此可見，善惡行為應該會有相對的果報，在量方面如此，也許在質方面不一定如此，雖然，在行為上有所謂善惡性質的差異，殊不知果報常常屬於中性。在道德上說，貧困或富貴本身既不屬於善，也不算是惡。因此，業與果的對應，不能說是一種質的情形。

(2)自己責任性

中國有一句俗話說：「積善之家，必有餘慶；而積不善之家，必有餘殃」。日本社會也流行一句話：「父母的因果，報應在子女身上。」這樣看來，行為與果報會從這個家庭，報應到別個家庭，也會從祖先報應到子孫身上，這種論點其實跟佛教業報輪廻的思想，並不相容。因為業報或輪廻上說，自己播種一定得由自己收割，本質上有一種自己責任性，不論父親和子女都無法代替，意思是，一切都是獨生、獨死、獨去、獨來。

大體上，業是不滅的東西，會返回來報應在原主身上。愚者製造罪業，來世會身受苦痛。（『集經』六六六偈）

不論在虛空中，在海洋裡，在山洞中，在這個世間沒有地方能夠逃得了惡報。（『法句經』一二七偈）

關於福業或善業也一樣，善業的果報——幸福與長壽，都由自己來承受，既不能轉讓給別人，亦不能得到別人的轉讓。

業報有因果是沒錯，而所謂自我責任性這項鐵則，會把業報跟自然因果律劃分界限，兩者不一樣，也是一種超越道德的形而上學原理。

(3)方向的轉換

銀行存款只有持有人才有資格領取，別人不能享受，正因為這樣，持有人才能任意轉讓給別人；同樣地，善業的功德也能廻向給別人，而這種觀念尤其出自大乘佛教。這叫做廻向。罪業滿盈的壞人，不能透過地獄的苦難來清償債務時，便不能從業的拘束中獲得自由，而這種物理的必然性與自己的責任性，就在這裡消失了。

印度教有一種廻向觀念是，縱使對方惡貫滿盈，一輩子在造惡業，神也會拯救他，那位神說：

「縱使他是個大壞蛋，只要充滿誠信，肯敬愛我的話，那麼，他應該也是個善人，不論如何要讓他向善。

普利達夫人的兒子呵：凡是皈依我的人，不管他出身卑賤，或婦女、庶民、奴婢，他們照樣能夠解脫。」

廻向就是在偉大之神的恩寵下，神不僅能消除信徒的業，或把神自己的功德廻施給信徒，同樣地，信徒也能把自己的善業，與宗教的行誼廻向到神的身上。

信徒並非將自己所造的一切善業和果報，放在自己身上，而是廻向到神的身上；相反地，神會讓信徒脫離業報的拘束，但是，這要靠信仰的力量。

在佛教裡，廻向思想在阿彌陀佛的慈悲方面表現最明顯。阿彌陀佛在成佛以前，相當於法藏菩薩的身份時，便立下二十四項誓願，其中的第五項是（『大阿彌陀經』）。

如果我能成佛，那麼，八方上下，無數天人和蜎飛蠕動等禽獸小蟲，縱使前輩子作惡，只要他們肯聽我的名號，有意往生到我國，意謂他們若肯自動改過遷善，心生懺悔，或肯持經戒，願意往生我國的話，那麼，當他們的壽命終結時，全都能脫離泥梨（地獄）、禽獸、薜荔（餓鬼）道，或有誠意往生我國的話，我會令他們如願和成佛，我若不能達此願望，誓不成佛。

在第六願裡，法藏菩薩發誓要救渡那些供養佛塔，積善之家的男女；在第七願裡，他發誓要救渡那些實踐六波羅蜜，和菩薩道上的人，以及保持清淨戒行的沙門。在先前的第五願裡，他發誓要救渡那些累積惡業的人。後來，法藏菩薩累積無量的修行，終於成就阿彌陀佛，但他也將自己的善行與修行功德，廻向給惡人身上，好讓他們也能成佛。

印度教的神，和佛教的阿彌陀佛都肯解救壞人，讓他們也能成佛，這種情形是壞人懷有誠信的緣故，而這種信仰或出生阿彌陀佛的意願，遠比他的惡業更強而有力，也要將這種信仰和意願奉獻給神佛。換句話說，他要廻向給神與佛。站在神與佛的方面說，就是神佛把自己功德轉向到信徒身上。不論以上那一種情形，都指出這是方向轉換的廻向。

(4)內容的轉換

這時候，神佛要把信徒的惡業換成善業，解作內容上的轉換不是不可能，但內容轉換的廻向常常會把善業的結果，換成解脫與壽命，而惡業似乎不能換成某種別的東西。這種情形彷佛存款能夠換成家屋與寶物，但貸款卻不能改變成別人的東西一樣。

所謂「阿毗達摩」，依據小乘佛教的經典解說時，業的果報分成幸與不幸的享受，以及壽命的長短兩種。誠如前述，惡業的果報不能轉變為其他東西，但是，善業的果報——長壽與幸福卻能相互變換為其他東西。無如，只有像佛陀那般超能力者才能這樣做，而其他人卻做不到。

最普通的內容轉換，就是把善業的果報改換成菩提，叫做「菩提廻向」，這一點是佛陀以外的人也能做到。所謂善業，就是將它原原本本地用幸福或長壽的形式，把善業送還給他本人。轉換這種善業果報的內容，就是轉變為無上菩提，這種情形叫做菩提廻向。在這種情況下，那種能被改換的無上菩提，仍然送還給那個造善業的本人，顯然不在變換方向。不過，用幸福與長壽的形式送回來的東西，因為改變成菩提內容送回來，所以，應該叫做內容轉換的廻向才對。

所謂幸福或長壽，無疑是世間的或世俗的東西，而菩提這種東西卻屬於出世間或超越性的東西。因為這種情形等於把世間的東西轉換為出世間的東西，或把世俗的東西轉換為超越的東西，所以，這樣依舊會打破業報法則。

在佛教裡，業報屬於固定的形式，它本是世間與世俗領域的法則，所以，跨過這個領域而闖入出世間或超越性領域，無疑違背業報的物理必然性。善惡的業，跟世間幸福與否的東西相對應，乃是因為這種情形屬於業報的物理必然性。

當然，方向轉換的迴向也打破業報的法則。所謂業報的自己責任性和自業自得性，就是一切果報都回落在他本人身上，也由他自己負全責，而將果報迴向給別人，也等於違反法則。換句話說，自己的銀行存款，就是把自己的幸福保障轉讓給別人或社會，這樣等於跟當初存款的旨趣脫節一樣。

不論方向轉換也好，內容轉換也好，反正迴向這種情形屬於極大乘性的東西。在小乘佛教末期，迴向思想的確生長起來，殊不知這種思想會變成宗教的核心，卻是大乘佛教促成的。或者可以這樣說，在小乘裡生長的迴向思想，也許生出了大乘佛教。

姑且不論那種情狀，反正迴向思想被業報輪迴束縛得很緊，歷經世間的動亂與苦難，才成為一種宗教改革的思想，當初拯救的途徑被封閉，為了解放北印度的百姓，才出現這股改革思想。之後，這股革新思想在論理上建立在空的思想上面。關於其間的情狀，我們不妨作一次歷史性的回顧。

2 廻向思想的生成與開展

輪廻說的形成

輪廻思想是不是阿利亞人原來的思想呢?這一點不太明白。有些學者似乎從『韋馱』聖典裡發現這項思想的萌芽,事實上,也有半數的學者不贊成這項看法。至少「輪廻」一詞或這套思想的固定形態在『韋馱』裡找不到。最早期的印度與阿利亞人有一種極為樂天的他界觀念。他們認為人死後會到亞瑪樂園,永遠過著快樂的生活。

紀元前六世紀,希臘哲學家畢達格拉斯教導輪廻說,但它與印度的輪廻說有沒有關係呢?在文獻上當然無跡可尋。

反正到了『普拉扶馬那』文獻時代,突然出現一種「再死」的觀念,意謂人投生到亞瑪樂園以後,也會再度死亡。接著,又出現「再生」的觀念,意謂死去的人會在這個世間復生。同時,「地獄」的觀念也產生了,從此,形成輪廻說的各種要素好像都露出來了，殊不知「輪廻」一詞仍然沒有，且輪廻的輪廓也尚未有系統地說出來。

到了紀元前六〇〇年左右，才看到「輪廻」這個名詞，有情的輪廻過程也大致上定形下來。其間，有一位哲學家叫做亞玖尼瓦基亞，他說：「可以靠善業出生到好地方，依照惡業出生到壞地方。」這種語氣似乎結合輪廻說與業報說了。

為何印度阿利亞人的生死觀，會從『韋馱』時代的樂天思想，變成『普拉扶馬那』時代悲觀的業報輪廻思想呢？我們到現在仍然莫名其妙。這彷佛地獄的啟示一樣，突然給了印度人。之後一直到今天，印度人才從業報輪廻的拘束獲得解放，繼續聚精會神在宗教與哲學的思索方面。

在釋迦牟尼佛（紀元前四六三～三八三年）時代，輪廻說尚未穩定下來。當時可以「六師外道」為代表，幾乎有半數的新興思想家否定業報輪廻，而其他半數卻持肯定態度。雖然，佛陀自己沒有積極否定業報輪廻，然而，他到底認同這個事實呢？或者認為它是一種有情的苦惱象徵與表現呢？這是很難判定的。

例如，佛陀容許民間的梵天信仰與塚、塔的信仰，也曾經採用輪廻說為一種教化方法，不過，他否定自我的存在，目的在涅槃和解脫，這是超越輪廻的境界，依他看來，輪廻說也可能只有兩次的意味。因為緣起觀是佛陀的根本教義，它屬於認識、倫理與自然因果律的發現，沒有直接結合輪廻說。

在佛教裡，輪廻說真正固定下來的影子，恐怕是巴利文「相應部」大篇所說的五道輪廻。尤其，五道輪廻說也跟漢譯的『雜阿含』卷十六，『別譯雜阿含』卷十六有相通之處，屬於比較古代的文獻，佛教的部派也許能追溯到分裂以前（紀元前三世紀末葉）。

到了紀元時期，小乘佛教才正式與堅定地解釋——把佛教主要教義之一的十二支緣起說，跟有情三世的輪廻結合起來。以後興起的大乘佛教也繼承輪廻的十二支緣起說。於是，在大乘主要經典與論書上所提到的十二支緣起說，就常常明顯地跟輪廻相結合了。尤其，大乘佛教把輪廻說看作世俗的法則，同時教導世人依靠空與廻向思想來超越輪廻。輪廻與空是絕對的真理，唯因如此，才有大乘佛教的出現，這項論點並不過分。

五道輪廻說和救渡的期待

上面提到印度教的輪廻說，之後再談五道輪廻說在佛教裡怎樣完成的經過？這種想法算是很絕望的教義，無路可走，或完全不能得救的情形。

五道（也叫做五趣）是指地獄、餓鬼、畜生、人間和天上等五種「生存方式」。之後，才在畜生與人間之間插入阿修羅，正式形成六道輪廻了。餓鬼是經常肚子空空，一旦拿到食物和水，也在頃刻間化成火和穢物，餓鬼算是無法飲食的生靈，後人把餓鬼描畫成口和身上燃燒火焰，口狹小得像針穴一樣，只見肚子特別膨脹。畜生是指動物，阿修羅是諸神的敵對者——惡魔，天上係指那群住在天上的諸神。

有情眾生可以透過自己的善惡行為，來決定以後的生存方式，看看自己該有天、人等比較幸福的日子，還是要去地獄、餓鬼與畜生等不幸的地方？然而有一點要注意的是，即使可以出生到最高與最幸福的天上界，一旦享盡了自己過去的善行功德，那麼，他還得墮落人間與地獄去吃苦。結果是，不能一直住在天上界，因為天上界也有世俗性的幸福，一直有機會享受愛慾歡樂，才會常常輾轉墮落。又因佛陀經常在人間界走動，致使天上界聽不到佛陀的教理，若要聽聞佛教，就必須要下凡到地上了。

有情眾生依據善惡行為，不停地在地獄與天上等五道之間輾轉輪廻，或投胎轉世，這是無限的行程。依照拜火教與基督教的說法，罪人永遠住在地獄，而信徒也永遠去天堂居住。還有最後審判和最終的結局出現。印度的輪廻說不主張終末論，無所謂最後決定，有情眾生只要不能解脫，就必須要永劫地輪廻不息。

不管什麼善行，也只能提供你在天上或人間的短暫幸福，因為那兩個地方也是輪廻的生存，而非最大的福樂世界。業報輪廻算是世俗的倫理法則，結合善惡行為與福禍果報，所以，倫理不能幫人脫離輪廻世界。再好的行為也只能在天上界享受一段應得的幸福，卻不能脫離輪廻的世界。

紀元前的印度人生活在多神教世界裡。雖然，諸神居住的環境比人間幸福，無如，他們自己也是一定要靠人救渡。因為在紀元前的印度社會，還沒有一位具備絕對恩寵可以救渡有情眾生的神，卻沒有惟一創造者的神。在這種環境裡，輪廻說中也沒有一切救渡原理存在。

在印度教維休奴神，和佛教的阿彌陀佛出現以前，能將有情眾生從輪迴中解放出來的原理，算是極神聖的知識。有人稱它為「救濟的知識」，屬於神聖的智慧。這種智慧是梵我一如的直觀，即宇宙的絕對原理——梵，跟個人的自我之間有一種同一性的直觀。在佛教裡，把它看作一種普遍的苦惱與苦因的消滅（涅槃）自覺。然而，這種直觀與自覺的依據，正是婆羅門主義和佛教所說的瑜伽（冥想）。

不過，這是聖者之道。遠在紀元前後幾世紀期間，北印度人處在戰亂窮困之中，即使有些人捨棄世俗生活，全身投入學問與瑜伽（冥想），其實也只是極少數人而已。其他大多數人只知逃亡、在貧苦生活中不得不作惡，致使大多數人都有罪業。

如果親近聖者，那麼，他會講述業報輪迴的方法，教示出家與冥想的德行。然而，大多數人只會對自己的罪行和未來的不幸惶恐不安，一點兒也看不到解救的途徑。他們期待有什麼救濟人出來拯救自己。不論維休奴神、西阿神、阿彌陀佛和觀音菩薩也都在等待機會出現。

迴向的起源

業報的兩項原則是小乘佛教共同的教義，一項是善惡行為會得到幸與不幸的報應，另一項是指這項業報無法轉讓給別人。在後期的巴利文獻上，有時會打破這兩條原則，而呈現超越性的想法。在紀元前後，不論佛教或印度教，都陸續出現迴向的想法及其事例。

例如，下列幾種想法：女性會保管丈夫的行為功德，忠實的妻子共同擁有丈夫死後的命運，王侯會得到自己臣下的福德，與非福的六分之一。這種傾向，到了維休奴神和阿彌陀佛出現以後才旺盛起來。

向施

相當於「迴向」的梵文字是 Pariṇāma，或 Pariṇāmanā。相對應的巴利文有「消化和變化」的意思，但也被用作「傾向和迴施」等方面。字義等於大乘佛教的迴向。在巴利文正典裡，這個字屬於一般用法，而不在大乘裡充當宗教名詞。

在巴利文正典裡，有一個動詞 uddis,anu-ā-dis字，意思跟「傾向」相同。也接近和類似大乘佛教的迴向之意。

依照櫻部建先生的報告，這個字的用法是：「人向諸神施物」，數次用作他動詞。因為人不能直接給神獻上施物，所以，才代以飲食供養出家人，因為他們守戒、保持自制心和禁慾。把這項福業彷佛施物給諸神一樣運作，藉此得到諸神的惠顧。

在別的經典裡，有些在家女信徒會拿飲食供養比丘僧團，只要她們肯唸這項功德統統給予毘沙門天王，那麼，就自然會有「施物給毘沙門天」的效果。

若將自己的頭面觸及佛陀的腳，表示敬禮，向佛陀身邊繞行（在尊者身邊向右繞行，也是一種敬禮），透過這種右繞也能迴向給離開人間的妻子。

在日本很盛行施餓鬼的習慣，迴向跟餓鬼的關係很深厚。商人們很同情女餓鬼沒有衣服穿，正想給她們衣服時，她們便開口說：「你雖然要親手送衣服給我，我卻得不到你的衣服。這裡的男信徒都很虔誠信佛，你央求他們先穿上衣服，再請他把衣服回施給我。這樣一來，我會很幸運，所有想要的東西才能送到我的手上。」那些商人就依照這個吩咐去做，女餓鬼果然得到漂亮的衣服了。

因為不能直接將施物贈給諸神、死去的妻子和餓鬼等，就得向另外有德行的師父與僧團布施供物，而這項功德才可以迴向給諸神，死去的妻子和餓鬼。所謂uddiś,anu-ā-diś這個動詞，意思跟大乘所說「方向轉換」的迴向一樣。

留多壽行與捨多壽行

在諸多小乘部派裡，說一切有部討論最高哲學的發展，它在『發智論』（紀元前一世紀）與『俱舍論』（五世紀）裡，討論若干對迴向思想發展有決定性的東西。關於這方面的討論，有一份卓越的論文，作者是P．S．賈尼。

『大般涅槃經』記載，有一次，佛陀接受惡魔的勸告，決定三個月後要進入涅槃，只要他希望活下去，也仍能再活一劫，結果，他自願捨棄生命，這叫做「捨多壽行」。同一部經典也提到一種「留多壽行」的概念，意謂任何人只要修成四神足（得到四種超自然的神通力），就能在世間盡量活下去（沒有遭到變故），或活得更長壽，如來完成四神足，如果有這個願望，那麼，他也能在世上活到一劫，或一劫以上的時間。

人的壽命在自己受胎的那一瞬間便被決定了，也是過去業已經成熟的果報。彷彿射箭的前進方向與時間，在拉引發射的那一瞬間便已經被決定一樣。留多壽行是本來壽命加上神通創造的新壽命，而本來壽命係由過去的業造成。相反地，捨多壽行是捨棄一部份本來的壽命，而活得更短些。

大眾部主張佛陀能活到一劫。但是，上座部卻有不同的解釋，尤其是上座部系統的錫蘭分別說部，拒絕承認神通創造的新生命，經典上說的一劫，即一輩子的意思，而佛陀能夠避免那些妨害生命的東西，可以防範早死。

說一切有部在印度西北部擴展佛教勢力，屬於上座部系統的學派，但很熱衷留多壽行和捨多壽行的問題。他們把業分成兩種——「壽命成熟（異熟）的業」和「享受幸與不幸的成熟之業」。『俱舍論』引用『發智論』的說明。

阿羅漢有神通，也得到自在，把生活的資具布施給僧團或個人，進入第四禪。出來時，起心動念，用言語說「幸福的異熟業，成了壽命的異熟業。」結果，便把幸福的業轉換為壽命的業，而造成新的壽命。相反地，捨棄壽命時，只要把壽命業轉換成幸福業便行了。

『發智論』和『俱舍論』裡潛伏大乘思想

站在教學上說，又出現些糾紛，到底這樣製造出來的新壽命是業的結果呢？還是瑜伽（冥想）的結果呢？恕我不在此詳加討論。很有趣的是，『俱舍論』的作者——世親，主張幸福與壽命轉換的可能性，而那很符合大乘精神。不理會業報法則，利用神通即瑜伽可以製造新生命，這種想法接近大眾部，尤其符合大乘的理念，而不是小乘保守派——說一切有部的正統說。

倘若跟業無關，便能製造新個體與壽命的話，那麼，佛陀豈不是跟印度教的維休奴神一樣，佛陀對世間的有情眾生滿懷慈悲，永遠不會死了嗎？這是批判的旨趣。

這個雖然在解釋『發智論』（紀元前一世紀），殊不知『俱舍論』屬於紀元五世紀世親的作品，所以，最後『俱舍論』的批判也算相當後代的東西，他說幸福與壽命有轉換的可能，從大眾部到世親那套思想系譜是大乘的，這種說法富有極大的暗示性。賈尼說，留多壽行這套理念豈非起自大乘？

能帶來幸福的業，會轉換成壽命的業，不外就是迴向思想。如果可能的話，『法華經』所說「久遠實成的釋迦牟尼佛」，換句話說，久遠以前成了佛，永遠存在的釋迦牟尼佛，這種思想和所謂壽命無量的阿彌陀佛這套思想就有很大的可能性，也能說明大乘佛教的發生和成長了。轉換思想甚至也是大乘佛教的原理。

『大般涅槃經』算是很有代表性的原始經典，它跟『大乘涅槃經』不一樣，裡面談了不少佛陀事跡，小乘教學時也有過說明，但在不知不覺之間，便生起一種非常大乘性質的思想，或潛伏有大乘的思想，這種情形有不尋常的意義。

從『發智論』到『倶舍論』那套說一切有部的教學，說明留多壽行和捨多壽行，同時提到迴向的思想，並放進有神論思想——永遠存在的佛陀——裡了，也不知不覺說到業報的超越上了。表面上，沒有直接用「迴向」和「空」的名詞，其實卻套用大乘性質的思考法。

『般若經』的迴向

後期巴利文獻上提到的迴向，屬於「方向轉換的迴向」，那就是把供物布施給僧團和有德行的信徒，也將這種善行功德傾向神或餓鬼。若把有德行的信徒身上的衣服，轉移到女餓鬼身上時，施物內容——衣服雖然不變，卻改變了方向，就是從信徒轉到餓鬼身上。

相反地，佛陀把幸福的善業，變換成壽命的善業，當發生這種相反的變換方式時，那麼，承受果報的人同樣是佛陀自己；而沒有變換，但是，果報的內容是從幸福變換到壽命，或從壽命轉變成幸福。由此可見，這顯然屬於「內容轉換的廻向」。

『八千頌般若經』算是最古老的大乘經典，它主要在談內容轉換的廻向。第三章有一項例子說，六波羅蜜是菩薩的修行德目——布施、持戒、忍辱、精進、禪定和般若（智慧）等六項。但是，每一項德目都冠上「波羅蜜」之名，那是「完成或完全」的意思，例如，布施波羅蜜或智慧波羅蜜。智慧波羅蜜是指「智慧的完成或完全的智慧」，那便是空的智慧，無上完全的智慧。總之，那就是佛陀的一切知。

從布施到智慧的六項德目，不外世間與宗教的善行，一切知是一種出世間或空的智慧，六項德目透過這些加以昇華，結果不單單為善行，也成了出世間或超越性的東西。這一點在『八千頌般若經』的解釋是：「布施與禪定的五項德目，迴向給一切知，便是布施波羅蜜、禪定波羅蜜，結果得以成熟和轉換。」這時候，便沒有方向轉換的意思，而純粹成了內容轉換的迴向。

我們發現「迴向」一詞的原字，外形為動詞與過去分詞，它在梵文的文獻上，最先出現於『八千頌般若經』。

「阿難呵，你認為怎樣呢？倘若布施不迴向給一切知者性，那它還能叫做布施波羅蜜嗎？」阿難長老說：「世尊呵，不能。」世尊說：「不迴向給一切知者性的持戒，不迴向給一切知者性的忍辱、不迴向給一切知者性的精進……禪定等，你認為怎樣呢？」「阿難呵，不迴向給一切知的智慧，還能叫做般若波羅蜜嗎？」阿難說：「不能，世尊呵。」世尊說：「阿難呵，你認為怎樣呢？把諸善根迴向給一切知者性，用這種方式迴向的智慧，豈非不可思議嗎？」阿難說：「的確如此，世尊呵。」

這裡提到「諸善根」一詞，即是布施和智慧等六項德目。善根是指善行，也指生起果報的根，相等於善業。六項德目是世俗的善行，當它迴向或轉換為一切知者性——佛陀智慧或空的智慧時，便有了殊勝的完成和完全性。布施、精進和其他德行也全都變成空的活動或佛陀的活動。到了這種地步，迴向思想才可說大功告成。

種子、旱田和果實

上面談到商人要把衣服布施給有德行的信徒，再請他轉向或用在女餓鬼身上，這段故事出自巴利文獻『餓鬼事』裡，日本佛學者櫻部建先生根據這本書發表一段話，很值得玩味。大意如下：

「那位接受布施的對方，即是信仰虔誠的在家男人，不妨叫做『旱田』（K）。那位施者的商人姑且為農夫。被布施的東西（衣服），不妨叫做『種子』（B），被廻施的女餓鬼，享受到這個『果實』（P），而布施者透過功德，得以增長到天界。」

這就是關於「方向轉換迴向」的解說。『八千頌般若經』提到六波羅蜜的迴向狀況以後，他馬上回頭談論「內容轉換的迴向」，語氣大同小異。

「例如說，阿難呵，播在地上的種子（B），如能得一切條件的話，就一定會成長。大地便是這些種子的旱田（K）。這些種子在大地上孕育成長。情況跟這個一樣，阿難呵，被攝入智慧的完成（般若波羅蜜）裡，五件的完成被吸進一切知者性裡面。智慧的完成孕育五項完成便成長起來。正因被保護在智慧的完成裡，才能得到「完成」這個名稱（P）。因此，阿難呵，正因有智慧的完成，那麼，其他五項完成才等於範楷、嚮導和指導人。」

上段文章有「一切知者性」，而現在放入「般若波羅蜜」（智慧的完成），兩者都同屬於一種「空的智慧」。

布施是種子（B），般若波羅蜜是旱田（K），所謂完成者，即是結果（P）。在『餓鬼事』那段方向轉換的迴向，和現在『八千頌般若經』的內容轉換的迴向，在論理上一樣可以說：種子播在旱田上，孕育起來，結成果實。換句話說，B＋K→P。

例如，芒果這種果實，有些類似芒果的種子，而有些不見得類似。種子播在大地的旱田上成長，結成果實後，變成成熟狀態，這是內容的轉換。然而，正因為成了芒果的果實，所以，它才能成了食物迴向給人。換句話說，方向轉換就行得通了。由此可見，不論內容轉換也罷，方向轉換也罷，其間都有相同的迴向論理在運作。

『八千頌』的隨喜與廻向

六波羅蜜不是最先出現在『八千頌』裡，在更早以前的『大阿彌陀經』和『舍利弗悔過經』等經典上也有這個名詞。現在沒有『六波羅蜜經』，殊不知它很早以前便有啦。那是因為『大阿彌陀經』裡提到它，才依此推測。

現在列舉的經典，全部出現在『八千頌』以前，具有大乘的特性，但也仍然不具大乘的名稱，所以，才把它歸屬在日本佛學者靜谷正雄所說的「原始大乘」裡。像六波羅蜜等修行德目，早在原始大乘時代便已經在實踐了，而『八千頌』透過空的思想，將它提升層次，才使大乘佛教能夠接受。

有關廻向的情狀也一樣，像古老經典的『三品經』，目前早已看不到，據說內容都是懺悔、隨喜、勸請等三品的修行。懺悔這門修法，是懺悔自己以前所犯的罪行；隨喜是歡喜佛陀，佛弟子和所有眾生的善行，勸請是央求現在諸佛來說法。

『舍利弗悔過經』在三品以外，又談到廻向思想。自己在過去無數劫裡，有過布施和佛法僧等三寶的信仰，也曾行善給眾生和動物，並修持過懺悔、隨喜和勸請等行為，將這些所得到的一切福德，聚集成一處（聚合會），施予十方民眾、父母和蜎飛蠕動之類，自己央求佛陀讓他們能夠得到這些福德和涅槃，心裡懷念，口中唸唱他們能夠如願以償。

雖然，漢譯的「施予」和「迴向」一詞是不是一樣，我們不很清楚，事實上，這跟迴向的思想一致。『八千頌』從懺悔、隨喜、勸請和迴向等四項修法裡，特地選出隨喜和迴向兩項，第六章全篇都詳細討論這方面。

『八千頌』的第六章說，把過去、現在和未來無數佛，和他們座下的聲聞、獨覺、菩薩、四眾（比丘、比丘尼、俗家的男女信徒）及其他人所種植的諸善根，聚集成一團隨喜，一面唸唱：「讓這個成為無上完全的覺悟」，一面說：「把隨喜善行德目迴向無上完全的覺悟。」

所謂隨喜，就是把別人的善行看成自己的一樣歡喜，在佛教裡，說話，不會給人唐突之感。從原始佛教以來，就盛行四無量心（四種寬大的心，即慈、悲、喜、捨），其中有一種「喜」，表示不嫉妒別人的幸福與善行，會湧出一陣歡喜，很像隨他歡喜的情形。但是，『八千頌』特地從四品修法裡選出隨喜與迴向，誠如上述，因為它含蓋很特異的思想。到底這個意圖是什麼呢？

菩提迴向——隨喜空性

直截了當地說，過去、現在和未來三時諸佛，以及其他人所造的善根，就是別人的福行和功德。隨喜別人的善根以後，它才能轉變成自己的東西。這個思想就是把它迴向和轉換為無上完全的覺悟。這叫做菩提迴向，也就是將善根這類世間性質，和生死輪迴裡會幸福的東西，轉變成無上菩提這種超世間性質，或超越輪迴的東西。即上面常常提到的內容轉換的迴向。

那麼，為何不迴向自己的善根，而要迴向他人的善根呢？我們認為這是『八千頌』為了說明「空」的真理，才特地用別人的善根。『八千頌』不學般若波羅蜜，對事物懷有執著，抓住事物的特徵，意識自己與他人的區別，有意識地進行迴向的德行，這種迴向彷佛含有毒性的食物一樣，叫做含毒的迴向。

不論是厚積善根的作為，還是善根本身，或是迴向主體、迴向對象，甚至迴向作用等，統統都是缺少本體的空，因為是空，才說沒有自身與別人的區別。

換句話說，在迴向心裡也有一種法性，叫做空性；在被迴向的善根，和迴向成無上完全的覺悟裡，也有同樣的法性叫做空性。在自己的善根、他人的善根和隨喜裡，也有同樣的法性。

此時，不能說：「某事物迴向其他事物。」如果依照事物的本性（法性），如實地隨喜，如實地迴向給無上完全的覺悟時，那麼，這種隨喜與迴向，會比其他任何善行和修行都要殊勝。

隨喜別人的善根，也就是隨喜空性或法性。把輪迴世界的幸福善根，無上地迴向給完全的覺悟——超越者，就是把輪迴性的東西，轉換為一種脫離輪迴的東西。這是一種脫離業報控制的解放。這方面也在『八千頌』第六章裡提到了。

阿彌陀佛的迴向

我們一面回溯許多文獻，一面追究迴向的論理。迴向有兩種：一種是內容轉換，另一種是方向轉換。現在讓我們探討阿彌陀佛要讓一切有情眾生，甚至不放棄罪惡深重的凡夫，能夠往生極樂世界，使他們也能得到解脫，這種情形有可能嗎？

依我看，在各種〈無量壽經〉——漢譯五本，梵文本和藏文本裡，以『大阿彌陀經』和『無量清淨平等覺經』，最能傳承原始〈無量壽經〉的真意。雖然，本書不能詳述理由，但也不妨摘記幾項來說明。

誠如前述，〈無量壽經〉裡一定不能缺少「五惡段」。在『大無量壽經』的漢譯裡也有這一段，大概可以互相對照的梵文本和藏文本上卻沒有「五惡段」。依據我的推測，『大無量壽經』的原本裡會有這一段，可惜找不到文獻學上的證明。另一方面，在『大阿彌陀經』、『無量清淨平等覺經』的漢譯裡，也沒有證據可以有力地否定「五惡段」。所以，我想依據這兩部經比較好。

關於女性問題，這兩部古譯經典只談到女性出生極樂世界會做男人。原因是，女性有懷孕、生產、育嬰和社會歧視等多方面的苦難，那麼，為了消除這種苦難，那些出生到極樂的女性要做男人。『大無量壽經』提到女人一聽到阿彌陀佛的聖號，便會「起菩提心，厭女性身」，意指她離開這世間的生活（出生極樂時），得不到女性身。

由此可見，這跟五障說結合了，因為五障說指出女性不能成佛。不過，大乘佛教反對這樣歧視女性，這一點會在另外論文來討論。依我看，這一點也是上述兩部古譯沿襲大乘佛教的精神。

這兩部古譯本提到，前世為非作歹的人，只要聽到阿彌陀佛的聖號，便能悔過向善的話，也能往生極樂世界。『大無量壽經』上說，聽到阿彌陀佛的聖號，施予善根，那些想生到十度的人，也都能往生極樂世界，只有犯了無間業或五大罪，以及誹謗正法的人不能去。因為阿彌陀佛為了救渡那些罪惡凡夫才出生世間，所以，兩部古譯本都沿襲經典的旨趣。

我想，這兩部古譯經反映了紀元一世紀，印度北部的社會狀況。其間所以會提到「五惡段」和壞人救渡的事，也是這個緣故。後期〈無量壽經〉可能成立於紀元三世紀或四世紀以後，適逢印度社會很安定。因此，考慮到當時的王朝立場，才會省掉「惡人往生」的記載。

當我們探討『發智論』所說的留多壽行和捨多壽行時，曾提到佛陀在進行「內容轉換的迴向」。阿彌陀佛要救渡罪惡之徒，屬於「方向轉換的迴向」，他把自己無數劫以來累積的善業功德，施予罪惡之徒。這時候，把惡人的罪業換成善業的事，始終在迴向思想裡無跡可尋，所以，我們不能說阿彌陀佛的迴向是「內容轉換的迴向」。

第六章　「空」的覺悟

1 無來亦無去

龍樹——空的哲學

龍樹在空的哲學方面最有成就，他的主要著作是『中論』，龍樹的生長年代可能在公元一五〇—二五〇年前後。他在『中論』裡開宗明義地表示：

「佛陀說，既無滅也無生，既無斷絕，也無恒常，既非單一，也非複數，既無來亦無去的依存性（緣起），乃是超越語言的虛構，極為福德的事。我禮拜這項說法者中的最上之人。」

在『中論』的歸敬偈裡，龍樹談到空這套哲學的精髓。所謂緣起，即使有不同形式的說法，總之，一切事物都依其他事物而產生，也依其他事物而存在，如果沒有其他事物便會消滅，也不會存在了。一言以蔽之，這就是「依存性」。

在佛教史上，各階段都有許多學派，也出現各種不同解釋，現代學者們的意見亦不相同。在此，恕我不贅述各種不同論點。

龍樹說，緣起是「既無生，亦無滅……既無來，亦無去的緣起」。他說這樣連續八個否定形容詞的緣起，乃是佛陀以前的東西。現在，這八個否定句就用最後那句「既無來，亦無去」為代表，才叫做「不來不去的緣起」。

龍樹既不是撒謊，也不只談到自己獨創的見解。實際上，以原始佛教的經典開始，直到龍樹時代盛行的『般若經』為止，許多經典都說「不來不去的緣起」。誠如龍樹所說，佛陀可說曾經說過不來不去的緣起。關於這一點，不妨從幾部大經裡找例證。

「第一義空經」的緣起解釋

「雜阿含經」第三三五經，跟「增壹阿含經」三〇之一經一致，像『俱舍論』、『大乘莊嚴經論』等，用梵文寫的主要論書也引用它，在南傳巴利文正典裡，簡直找不到一部可以跟它搭配的經，但是，北傳佛教很重視這部經典。

在這部經裡，討論一則教義叫做「第一義空經」。

「眼睛就是生起時，既無來處，消滅時亦無去處。由此看來，眼睛事實上沒有生起，如果生命結束，便會滅盡。業報是有的，但卻沒有作者。一旦身心消滅了，不同的身心便相續下去……耳、鼻、舌、身體和意念方面也一樣。」

這部經連續這一點，提到世俗的「法約束」，就是十二支緣起所說的業報輪迴，而最高的真實（勝義或第一義），就是空了。

這部經的旨趣在否定『韋馱』和數論學派的思想。『韋馱』上說，眼睛來自太陽，人死時候回歸太陽，至於耳、鼻、舌、身體和意識等，各自來自空、地、水、風和神草汁（或月），人死時紛紛返回原處。數論學派提倡「原質」說，把它看作世界的根本原因，眼睛及其他東西都生自原質，以後也回歸原處。

眼睛、耳朵、鼻子、舌頭、身體意念等內在感官（六根），會和自己相對應的色、聲、香、味、觸、法等六種對象，一起造成十二個範疇，呈現出一切事物。婆羅門教學主張世間的事物有實體，最初來自「梵」，以後也回歸「梵」。佛教認為眼睛……等一切，都無來去的地方，只待原因與條件齊備才能生出，一旦原因和條件消滅，那些存在便會消失，它自己缺乏存在性（自性或實體），根本就是空。「第一義空經」說，佛陀就是教示我們這個道理。

佛陀所說緣起的真意是什麼？有各種不同解說，且很難知曉，但有一位錫蘭籍的優秀佛學者——賈亞特雷蓋說，緣起即是因果法則的發現。

早在佛陀出世以前，印度的想法是，天下萬物都生自單數或複數的實體，消滅時便回歸原處，而沒有因果律的觀念。佛陀說，有A時才會生出B，當A消失時，B就會消滅，佛陀所以會說出這種方式的緣起說，是因為他發現了A與B間的因果關係，而印度人以前根本沒有這個觀念。現在，不必詳細討論這些，不過，上述的「第一義空經」，和以後所要探究的幾部經典，卻要根據賈亞特雷蓋的觀點了。

『火喻經』的薪火譬喻

「增壹阿含經」，巴利文獻上找不到一部經可跟「第一義空經」來對照，有些經典受到大乘的影響，內容亦含有這方面的意思，再從內容方面說，那部經也不很古老，很可能在大乘興起前不久，才在印度北部成立的東西。

但跟緣起同樣的解釋，方式很單純，在很古老的經典裡也屢見不鮮。例如巴利文正典「中部」七二經的『火喻經』便是。這部經跟漢譯「雜阿含」九六二經，以為「別譯雜阿含」一九六經很一致。

這部經是，有人問如來死後也依然存在嗎？佛陀教示：這就像火因為枯草和柴薪等原因，才會引起燃燒，只要柴薪燒完，火勢自然熄滅一樣，我，有情和如來等情狀亦然，既非來自東西南北，也不去其中任何地方。只要有原因便會生起，一旦原因消失，他們也跟著滅盡。

『老女人經』上說，生老病死，五蘊（物質的存在、感受、表象、意欲和思惟等五項範疇，呈現萬物）、六根、五大（地、水、火、風、空等五項）等，既無來處，亦無去處，只依因緣生滅，彷彿兩根木頭摩擦生火，木頭燒完，火勢便熄滅一樣。

這則柴薪與火的譬喻，跟『火喻經』的內容一樣。『老女人經』的譬喻數量增加。例如，鼓聲係靠皮、槌和人的打力才會出聲，雨不是因為龍的身和心引起的，而是依靠龍與雲等因緣促成，壁畫不是只有牆壁就能夠畫，也不是有了畫師便行得通，還得仰賴畫具與其他諸緣才能完成壁畫，諸如這些譬喻都出自『老女人經』。

薩達普拉得塔的質詢

『六度集經』的「常悲菩薩本生」常常指出，『八千頌般若經』的薩達普拉得塔，和達摩多卡他的故事起源。

『六度集經』上說，薩達普拉得塔在無佛的世間求道，有一次，當他還在冥想時，看見諸佛從上方飛奔到自己眼前。諸佛到東方的幹達特市，好像在聽達摩多卡塔菩薩在講授般若波羅蜜的教理。薩達普拉得塔從冥想中醒來，回顧左右，頗覺納悶：「尊貴輝煌的諸佛到底從哪兒來？又去了哪裡呢？」

這則故事放在『六度集經』的禪定波羅蜜那一章，目的在說明菩薩非常熱衷禪定，所以，薩達普拉得塔才會從冥想中看見諸佛，聽到教義，然後從冥想中醒來，很納悶地問道，諸佛從哪兒來的？

『八千頌』第三〇——三一章，便用這項主題吸取其他要素，而展開長篇大論的故事。那位薩達普拉得塔不顧身命，追求般若波羅蜜，空中來了一陣聲音勉勵他，如來現身在眼前指引他，他更在冥想中聽見諸佛開示，始知東方幹達特市那位達摩多卡塔是自己的師父。

薩達普拉得塔經歷了各種苦難和磨練，才在幹達特市碰到達摩多卡塔，而自己在冥想中看到諸佛時，便問他們：「你們從哪兒來？又去哪裡了呢？」達摩多卡塔便根據這個問題說話了。

如來是不動的如性，因為不是生起，才無去亦無來。烈日當空，悠悠流水，來自何處，流向哪裡呢？東嗎？西嗎？南嗎？北嗎？因為流水沒有本體，才無來亦無去。幻術師用魔法顯現的軍隊，人在夢中看到如來，和弦樂器奏出來的音樂等，既無來處、亦無去處。全部靠原因和條件促成，只要原因和條件消失，那些存在便沒有了。那些缺少本體、空性的東西，根本沒有來去這回事。如來不外是空性，所以，如來無所謂來去。這是達摩多卡塔的話。

唯心所造

『般舟三昧經』的主題也扯到這件事，在冥想中出現諸佛如來，到底來去如何呢？這部經也一面說到，仰賴三昧見到佛陀，提出問題，聽到佛陀的答話很歡喜，也一面說佛陀既無來亦無去，惟心所造而已。

人們站在痲油、淨水和明亮的鏡子前面，反映自己的身形時，這個影像既不是來自外界，也不是從內面出去的。人聚集心神會看見如來，即使聽到教理，也不許執著。因為一切事物都是空，本來寂靜；不認識而呈離脫狀態，極清淨，等於涅槃。

般舟三昧的極點，其實是空三昧。雖說進入三昧看見諸佛，而諸佛卻沒有來處和去處。諸佛和三界也是心造的，而這顆心也是虛誑的，一切皆空。

各部經典都很簡潔地這樣討論，主題是萬物無來亦無去，一面發展成各種方式，也一面一貫地存在。一切事物都非來自東西南北，也非往那些地方去。只有原因和條件齊備才會生起和存在，當原因與條件缺失，一切都消失不存在。

這跟後來龍樹所謂「無來亦無去的緣起」相同。在上述諸經裡，『八千頌般若經』和『般舟三昧經』都是初期大乘佛教的代表性經典。從原始佛教的經典到大乘佛教的經典這段期間，倘若討論不來不去的緣起，那麼，龍樹說得沒錯，佛陀曾經說不來不去的緣起。

2 空

一切有的哲學

『大阿彌陀經』和『八千頌般若經』等都是以後相繼成立的，在紀元前後，說一切有部算是小乘諸部派裡最強而有力的學派，讚嘆印度西北部的盛況。最遲也在紀元前一世紀，才把該學派的哲學體系在『發智論』裡整理完成。

說一切有部簡稱「有部」，曾把物質的存在（色）、心、心的作用（心所）、論理和言語的要素（心不相應行）、和無制約存在（無為）等五大範疇下，所有人類合理的諸項觀念，綜合成七十五種。跟這七十五種觀念相對照的有七十五種實體，這些實際存在於外界，歷經過去、現在和未來三世，而有部便將這種概念實在論，開展出來。

為了逃避世間的動亂，一般僧院與世隔絕，他們便在高深的學問與長期的冥想上面建立一套聖者的形而上學，那些東西根本超越民眾所能理解的範圍。

活在水深火熱的老百姓，不斷渴求更直接和更實際的救助。阿彌陀佛便依據他們的願望，出來救渡這些無知和罪孽深重的芸芸眾生了。

無執著的哲學——空

『般若經』的無執著哲學，以一種呼應恩寵之神和阿彌陀佛的方式發展起來。這套哲學認為萬物皆如夢如幻，沒有任何實體，也是空，所以不要執著。百姓生活在兵慌馬亂和慘遭剝奪的情狀下，深受無常與苦惱的打擊，即使空的思想很深奧，然而，他們卻覺得很貼身，很恰當，也很容易接受。

『般若經』彷彿外國軍隊和掠奪者當年破壞北印度一樣，竟也破壞了「說一切有部」建造那座形而上學的殿堂，讓一石一瓦全都歸於空了。

在『八千頌般若經』第一、二章裡，集約式地討論到「空」的思想，從「說一切有部」所列述的七十五種實體，到五蘊、十二處、十八界、六界的範疇，四念處、四正勤、四神足、五根、五力、七覺支、八正道支（從四念處到八正道等三十七種。為有助於開悟的實踐修行，共稱三十七道品）等修道體系，預流、一來、不還、阿羅漢等聖者的階位，獨覺、佛陀與涅槃等理想為止，所有範疇全都被否定了。

把那長達幾百年的佛教傳統，所建造的一切內涵逐一取下來，教誡世人不要對它存有「執著」與「拘泥」。從人的存在到涅槃，即萬物都不存在，也就是空，而世人卻對它執著不捨的樣子。

說一切有部的哲學依照佛教傳統，只否定自我存在。雖然七十五種實體都是實際存在，其間並沒有包括自我。對於這一點，『般若經』說：「正如一切方式都不能讓自我存在和被認識一樣，萬物不論用任何方式也絕不存在，也絕不能被認識。」

倘若萬物都有實體的話，那麼，它依據別的東西，而有自立性，這樣一來，不變不滅的實體怎麼生起？又怎樣消失呢？依據別物而生起，只仰賴原因和條件存在的東西，怎會有實體性呢？凡依緣起而生起的東西都缺乏本體，因為沒有本體才會空。夢幻都由於原因而生起，它沒有實體，乍見下，也非一無所有。由此看來，萬物既不是有，也不是無，如夢如幻，呈空性狀態罷了。

空性智慧的完成——般若波羅蜜

「凡是緣起的東西皆是空」——這套論理先在『八千頌』的第三一章裡深受重視，而它在『八千頌』裡算是比較晚期才得到開展。有人說『八千頌』的第一、二章算是最古老的層面，其中談到菩薩到底是什麼樣的存在也無法認識，所以不要執著、不要掛礙，任何事物都沒有本體，也不實在。

大乘菩薩不限於什麼存在，對他不要執著，他既不認識事物的本體，而萬物也沒有本體，因為我們知道那是空。以五蘊為首的萬物，我們都不要對它執著。這個論點就等於：「菩薩大士停在空性（śūnyatā），和般若波羅蜜。」「既不必取得物質的存在，同樣地也不必取得感覺、表象、意欲和思惟，這就是菩薩大士的般若波羅蜜。」

因為五蘊是不必取得一切事物，屬於空性，所以，連一切知者的佛陀本性，般若波羅蜜等物也不存在，也無法認識，統統都是空。倘能這樣觀察，但也不失望和恐怖的話，那麼，這位菩薩就不離般若波羅蜜了。

認知和執著五蘊存在是一種錯誤，同樣地，認識五蘊為一種空也是錯誤。

司普特說：「認知物質存在是空，心就不要停在那裡。至於感覺、表象和意欲方面也一樣，那麼，認知思惟是空，心也不要掛在那裡。」原因是，空其實就等於認知事物有某種特徵，而否定執著。

這樣一來，萬物、有情和佛陀也都不存在——這種觀點反過來一想，菩薩就是擁有利他的浩瀚心與忍辱的精神，亦能成就一切知的佛陀了，因為這位菩薩是：「我不能捨棄一切有情眾生，我一定要將一切有情眾生從無量苦惱下解放出來，我縱使被砍成碎片也不會對他們起惡心。」

於是，途中就不要執著阿羅漢的階位，停在自利自滿的地步。司普特說：「只有如來才具備十種知力（十力），只有如來才具備四項無所恐怖的自信（四無畏），只有佛陀具備十八種特性（十八不共法），如果沒有完成這些，中途便進不了完全涅槃。世尊呵，我們應該知道這也是菩薩大士的般若波羅蜜。」

雖然，菩薩將無數的有情眾生引入涅槃，然而，涅槃裡既無任何人，而進入涅槃的人也非實在之物。那只是事物的本性（法性）。雖然，幻術師利用魔法展現一大堆群眾，之後也驅散了那一大群人，這時候，那群人並不是被誰殺掉或被誰趕到那裡？而菩薩引導有情眾生進涅槃裡的情形也跟這個一樣。

一切事物如夢如幻，『八千頌』的第一、二章討論空性，而空性智慧所成就的般若波羅蜜，大體上也像這種情形。

3　輪迴的超越

十二支緣起

因為緣起說提到兩件事物的因果關係，算是相當片段性的東西，所以，它歷經各個階段才發展起來，例如，連接幾個項目，六項、九項、十項，甚至到最後把十二項都銜接起來。

例如，在最古老的層面裏提到：「快樂與不快樂靠接觸之緣而生起。當接觸不存在時，這些東西也不存在。」「慾望的生起，依靠世間有一種叫做快樂與否的東西。」簡單地說，B是依靠A才能存在，而最初並沒有一定的項目相當於A和B。各個項目也亂七八糟，經過慢慢聚集和整理，才把這種關係叫做

「緣起」（Paṭiccasamuppāda, Pratītyasamutpāda）。

「賢者就是能這樣如實地看到行為（業）。他們是能夠看見緣起的人，也熟知行為及其果報。」「各種事物都由原因生起，而如來也說出這些原因，和它們的止滅情形。偉大的修道人便是能說這種話的人。」

項目的數量增加，也有秩序地加以整理，才成為一套完整的形態，那就是：(1)無明（真實相的無知）──(2)行（潛在的形成力）──(3)識（認識作用）──(4)名色（名稱與形態）──(5)六處（六種領域，眼、耳、鼻、舌、身、意）──(6)觸（接觸）──(7)受（感受）──(8)愛（愛著）──(9)取（執著）──(10)有（生存）──(11)生（出生）──(12)老死（衰老和死亡），把這十二項目排十二支緣起。

那麼，依照十二支緣起可以造成固定形式的句子──「有這個（A）時，才會有那個（B）。因為生起這個（A），才會生出那個（B）。沒有這個（A），便沒有那個（B）。因為這個（A）消滅，那個（B）才會消滅。」「那是一種原因（此緣性）（idappaccayatā, idampratyayatā）。」

十二支緣起是將片段和幾項形成一套緣起說，可說發展到最後階段才成立起來，但它成立的時代並不算晚。在巴利文和漢譯的極古老資料中照樣有跡可尋。

由於無知(1)才有認識和行為(2)，由於潛在印象伴隨意識(3)和觀念及物質的對象(4)，跟六官(5)發生接觸(6)，才會產生感受(7)，之後再生出愛著(8)，執著(9)，由於這種行為生活(10)，才會生起生(11)，老（病）死(12)等各種苦惱，十二支緣起的意思大體上如此。

那些經和律只有列舉十二支緣起的項目，但沒有逐項解說。在初期階段，十二支緣起倒沒有跟輪迴轉世過程相結合的意思。

有與生

在解釋十二支緣起時，最感困難的項目是(10)「有」和(11)「生」這兩項。這也許可說是「有」與「生」的關係。

「生」是「出生或誕生」的意思，但沒有其他所謂「開始」或「始源」的意味。只要它是指「出生」，那麼，我們一定想像得到前面有死與托胎（意識進入娘胎）的情形。倘若這樣，顯然「有」（生存）就是指生存之外，還有生存行為或行為生存（業有）。因為我們不停地累積行為生活的方法，就會連想到我們會靠這種業再出生到下輩子。

因為⑾項的「生」和⑿項的老死分不開，才會出現生、老、病、死等四苦。事實上，漢譯有很多緣起說將病放進去解釋。倘若說生存會引起生老病死等苦惱，那就沒有問題了。

然而，古代人解釋經典，只要把「生」解作未來世的誕生，在此以前的「有」解作「業有」（**Karma-bhava** 的話，那麼，十二支緣起便成了輪迴說。生和老死是未來世的一輩子。接著⑴、⑵的「無明」和「行」，便是過去世的一輩子，從中間的識（意識托胎）到有的八個項目，即是現在世，這樣一來，把十二支分配在三世，並將它解作輪迴過程。

大乘佛教興起之際，有人把十二支緣起作輪迴說的一種形態，這種解釋早已存在小乘佛教的諸派裡，大乘佛教才被迫繼承這項解釋。關於這一點，不妨從大乘各項經典和龍樹的著作裡，便會明白他們把「有」解作「業」有，把「生」解作「下輩子的誕生」。

超越的論理

但是，大乘佛教的真髓在這項超越的論理上面。不管信仰阿彌陀佛，或『般若經』，都不是逐一斷盡無知與煩惱，依靠長期修行成就聖者，而是選擇了一舉超越四暴流（欲、有、見、無明等四種煩惱的激流）的途徑。他們對於形成輪迴說的十二支緣起也持相同態度。

這就像『般若經』一面統統接受小乘教學，尤其那方面的法數（學問體系、修行範疇、項目），一面轉過頭來宣稱這些都是空的、同樣地，一面老老實實地接受十二支緣起的輪迴解釋，一面轉過頭來說，輪迴的有情眾生也到處不存在。

『十地經』屬於大乘經典的最古層面，它雖然逐一說明菩薩的十地階位，但在第六地便把十二支緣起的解釋展開為十種。大體上，它把十二項目分配成過去、現在和未來，但十種解釋一結束，便突然語氣一變，說道：

那位菩薩就這樣仰賴十種真實相，藉著覺悟的智慧，諦觀諸項條件裡迷惑存在所生的真實，其間，他透過覺悟的智慧諦觀既無自己，亦無眾生；既無生命，亦無人類和實體東西，統統都是空；其間既無行動個別的主體，亦無承受苦惱的個別主體，這樣一來，透過空的如性，來覺悟自由解脫的各種途徑（空解脫門）便會顯現出來。

『稻芋經』這部經典特別受到中觀學派的尊重，雖然談不上大乘經典的最古層，但也成立在龍樹以前。這部經也將十二支緣起作輪廻性解說。但它這樣表示：

此時，任何事物也不會從此世轉移到另一世。倘若一切原因與條件都不缺少，那麼，業果就會顯現。情況彷彿極淨潔的鏡面上看得見面孔的影像時，即使面孔不會轉移到鏡面，只要一切原因與條件不欠缺，那麼，便會把面孔反映出來，同樣地，誰也不會死在這個世間，亦不會出生到那個世間。因為一切原因與條件不欠缺，才會顯現業果。彷彿火若缺少原因與條件，便不會燃燒：只要原因與條件齊備便會燃燒起來。情況跟這個一樣，有些東西沒有主人時，既不是我的東西，也不必對它起執著，如同虛空，諸多本性如幻形的事物，如果不缺所有原因與條件，那麼，靠業與煩惱所生起的識種子，在某個生處繼續生長時，便會使娘胎裡的名色之芽生出來。這樣一來，便一定能看見內在的緣起結合。

無移行的輪迴

龍樹在十二支緣起的解說——『因緣心論解說』裡，用授經、燈火、印、鏡、聲音、太陽石、種子和酸，來譬喻無移行的輪迴。

例如，誦唱的語言從師父轉移到弟子；因為師父的誦唱沒有了，所以，實際上不是轉移。但當弟子復唱時，這個語言不是從別處來的。倘若這樣，那是因為原因消失了。

人死時候的心，正如師父口中誦唱的東西。那些不能去那個世界，而成了永遠的錯誤。照這麼說，那個世界不是從別處生出來，而是因為陷入無因的錯誤。恰如那個弟子的復唱係因為有師父的唱誦才能出現，所以，既不能說跟師父的唱誦相同，也不能說是不同的情形。同樣地，既不能說依據死時候的心，跟那個因為死而生起的心相同，但也不能說兩者不相同。這種情形猶如燈火生自燈火；面孔從鏡子反映的影像；來自印子的印影；出自太陽石的火；從種子萌出的芽；看見別人吃酸果，而垂涎在面頰上，聲音會產生回聲，諸如此類的現象，的確很難知道前者與後者屬於同一種，還是不同一種呢？

智者必須理解蘊的續生與無移行。

由此可見，大乘經典和龍樹所說的輪廻超越，跟信仰阿彌陀佛所帶來的業報超越，在本質上是一樣的。

大展出版社有限公司
品冠文化出版社

圖書目錄

地址：台北市北投區(石牌)
致遠一路二段 12 巷 1 號
郵撥：0166955～1
電話：(02)28236031
28236033
傳真：(02)28272069

・法律專欄連載・電腦編號 58

台大法學院 法律學系／策劃
法律服務社／編著

1.	別讓您的權利睡著了 1	200 元
2.	別讓您的權利睡著了 2	200 元

・武術特輯・電腦編號 10

1.	陳式太極拳入門	馮志強編著	180 元
2.	武式太極拳	郝少如編著	200 元
3.	練功十八法入門	蕭京凌編著	120 元
4.	教門長拳	蕭京凌編著	150 元
5.	跆拳道	蕭京凌編譯	180 元
6.	正傳合氣道	程曉鈴譯	200 元
7.	圖解雙節棍	陳銘遠著	150 元
8.	格鬥空手道	鄭旭旭編著	200 元
9.	實用跆拳道	陳國榮編著	200 元
10.	武術初學指南	李文英、解守德編著	250 元
11.	泰國拳	陳國榮著	180 元
12.	中國式摔跤	黃　斌編著	180 元
13.	太極劍入門	李德印編著	180 元
14.	太極拳運動	運動司編	250 元
15.	太極拳譜	清・王宗岳等著	280 元
16.	散手初學	冷　峰編著	200 元
17.	南拳	朱瑞琪編著	180 元
18.	吳式太極劍	王培生著	200 元
19.	太極拳健身和技擊	王培生著	250 元
20.	秘傳武當八卦掌	狄兆龍著	250 元
21.	太極拳論譚	沈　壽著	250 元
22.	陳式太極拳技擊法	馬　虹著	250 元
23.	二十四式/三十二式 太極 拳/劍	闞桂香著	180 元
24.	楊式秘傳 129 式太極長拳	張楚全著	280 元
25.	楊式太極拳架詳解	林炳堯著	280 元

26. 華佗五禽劍	劉時榮著	180 元
27. 太極拳基礎講座:基本功與簡化 24 式	李德印著	250 元
28. 武式太極拳精華	薛乃印著	200 元
29. 陳式太極拳拳理闡微	馬　虹著	350 元
30. 陳式太極拳體用全書	馬　虹著	400 元
31. 張三豐太極拳	陳占奎著	200 元
32. 中國太極推手	張　山主編	300 元
33. 48 式太極拳入門	門惠豐編著	220 元

・原地太極拳系列・電腦編號 11

1. 原地綜合太極拳 24 式	胡啓賢創編	220 元
2. 原地活步太極拳 42 式	胡啓賢創編	200 元
3. 原地簡化太極拳 24 式	胡啓賢創編	200 元
4. 原地太極拳 12 式	胡啓賢創編	200 元

・道 學 文 化・電腦編號 12

1. 道在養生：道教長壽術	郝　勤等著	250 元
2. 龍虎丹道：道教內丹術	郝　勤著	300 元
3. 天上人間：道教神仙譜系	黃德海著	250 元
4. 步罡踏斗：道教祭禮儀典	張澤洪著	250 元
5. 道醫窺秘：道教醫學康復術	王慶餘等著	250 元
6. 勸善成仙：道教生命倫理	李　剛著	250 元
7. 洞天福地：道教宮觀勝境	沙銘壽著	250 元
8. 青詞碧簫：道教文學藝術	楊光文等著	250 元
9. 沈博絕麗：道教格言精粹	朱耕發等著	250 元

・秘傳占卜系列・電腦編號 14

1. 手相術	淺野八郎著	180 元
2. 人相術	淺野八郎著	180 元
3. 西洋占星術	淺野八郎著	180 元
4. 中國神奇占卜	淺野八郎著	150 元
5. 夢判斷	淺野八郎著	150 元
6. 前世、來世占卜	淺野八郎著	150 元
7. 法國式血型學	淺野八郎著	150 元
8. 靈感、符咒學	淺野八郎著	150 元
9. 紙牌占卜學	淺野八郎著	150 元
10. ESP 超能力占卜	淺野八郎著	150 元
11. 猶太數的秘術	淺野八郎著	150 元
12. 新心理測驗	淺野八郎著	160 元
13. 塔羅牌預言秘法	淺野八郎著	200 元

·趣味心理講座·電腦編號 15

1. 性格測驗	探索男與女	淺野八郎著	140 元
2. 性格測驗	透視人心奧秘	淺野八郎著	140 元
3. 性格測驗	發現陌生的自己	淺野八郎著	140 元
4. 性格測驗	發現你的真面目	淺野八郎著	140 元
5. 性格測驗	讓你們吃驚	淺野八郎著	140 元
6. 性格測驗	洞穿心理盲點	淺野八郎著	140 元
7. 性格測驗	探索對方心理	淺野八郎著	140 元
8. 性格測驗	由吃認識自己	淺野八郎著	160 元
9. 性格測驗	戀愛知多少	淺野八郎著	160 元
10. 性格測驗	由裝扮瞭解人心	淺野八郎著	160 元
11. 性格測驗	敲開內心玄機	淺野八郎著	140 元
12. 性格測驗	透視你的未來	淺野八郎著	160 元
13. 血型與你的一生		淺野八郎著	160 元
14. 趣味推理遊戲		淺野八郎著	160 元
15. 行爲語言解析		淺野八郎著	160 元

·婦 幼 天 地·電腦編號 16

1. 八萬人減肥成果	黃靜香譯	180 元
2. 三分鐘減肥體操	楊鴻儒譯	150 元
3. 窈窕淑女美髮秘訣	柯素娥譯	130 元
4. 使妳更迷人	成　玉譯	130 元
5. 女性的更年期	官舒妍編譯	160 元
6. 胎內育兒法	李玉瓊編譯	150 元
7. 早產兒袋鼠式護理	唐岱蘭譯	200 元
8. 初次懷孕與生產	婦幼天地編譯組	180 元
9. 初次育兒 12 個月	婦幼天地編譯組	180 元
10. 斷乳食與幼兒食	婦幼天地編譯組	180 元
11. 培養幼兒能力與性向	婦幼天地編譯組	180 元
12. 培養幼兒創造力的玩具與遊戲	婦幼天地編譯組	180 元
13. 幼兒的症狀與疾病	婦幼天地編譯組	180 元
14. 腿部苗條健美法	婦幼天地編譯組	180 元
15. 女性腰痛別忽視	婦幼天地編譯組	150 元
16. 舒展身心體操術	李玉瓊編譯	130 元
17. 三分鐘臉部體操	趙薇妮著	160 元
18. 生動的笑容表情術	趙薇妮著	160 元
19. 心曠神怡減肥法	川津祐介著	130 元
20. 內衣使妳更美麗	陳玄茹譯	130 元
21. 瑜伽美姿美容	黃靜香編著	180 元
22. 高雅女性裝扮學	陳珮玲譯	180 元
23. 蠶糞肌膚美顏法	梨秀子著	160 元

24. 認識妳的身體	李玉瓊譯	160 元
25. 產後恢復苗條體態	居理安・芙萊喬著	200 元
26. 正確護髮美容法	山崎伊久江著	180 元
27. 安琪拉美姿養生學	安琪拉蘭斯博瑞著	180 元
28. 女體性醫學剖析	增田豐著	220 元
29. 懷孕與生產剖析	岡部綾子著	180 元
30. 斷奶後的健康育兒	東城百合子著	220 元
31. 引出孩子幹勁的責罵藝術	多湖輝著	170 元
32. 培養孩子獨立的藝術	多湖輝著	170 元
33. 子宮肌瘤與卵巢囊腫	陳秀琳編著	180 元
34. 下半身減肥法	納他夏・史達賓著	180 元
35. 女性自然美容法	吳雅菁編著	180 元
36. 再也不發胖	池園悅太郎著	170 元
37. 生男生女控制術	中垣勝裕著	220 元
38. 使妳的肌膚更亮麗	楊　皓編著	170 元
39. 臉部輪廓變美	芝崎義夫著	180 元
40. 斑點、皺紋自己治療	高須克彌著	180 元
41. 面皰自己治療	伊藤雄康著	180 元
42. 隨心所欲瘦身冥想法	原久子著	180 元
43. 胎兒革命	鈴木丈織著	180 元
44. NS 磁氣平衡法塑造窈窕奇蹟	古屋和江著	180 元
45. 享瘦從腳開始	山田陽子著	180 元
46. 小改變瘦 4 公斤	宮本裕子著	180 元
47. 軟管減肥瘦身	高橋輝男著	180 元
48. 海藻精神秘美容法	劉名揚編著	180 元
49. 肌膚保養與脫毛	鈴木真理著	180 元
50. 10 天減肥 3 公斤	彤雲編輯組	180 元
51. 穿出自己的品味	西村玲子著	280 元
52. 小孩髮型設計	李芳黛譯	250 元

・青 春 天 地・電腦編號 17

1. A 血型與星座	柯素娥編譯	160 元
2. B 血型與星座	柯素娥編譯	160 元
3. O 血型與星座	柯素娥編譯	160 元
4. AB 血型與星座	柯素娥編譯	120 元
5. 青春期性教室	呂貴嵐編譯	130 元
7. 難解數學破題	宋釗宜編譯	130 元
9. 小論文寫作秘訣	林顯茂編譯	120 元
11.中學生野外遊戲	熊谷康編著	120 元
12.恐怖極短篇	柯素娥編譯	130 元
13.恐怖夜話	小毛驢編譯	130 元
14.恐怖幽默短篇	小毛驢編譯	120 元
15.黑色幽默短篇	小毛驢編譯	120 元

16.靈異怪談	小毛驢編譯	130元
17.錯覺遊戲	小毛驢編著	130元
18.整人遊戲	小毛驢編著	150元
19.有趣的超常識	柯素娥編譯	130元
20.哦！原來如此	林慶旺編譯	130元
21.趣味競賽100種	劉名揚編譯	120元
22.數學謎題入門	宋釗宜編譯	150元
23.數學謎題解析	宋釗宜編譯	150元
24.透視男女心理	林慶旺編譯	120元
25.少女情懷的自白	李桂蘭編譯	120元
26.由兄弟姊妹看命運	李玉瓊編譯	130元
27.趣味的科學魔術	林慶旺編譯	150元
28.趣味的心理實驗室	李燕玲編譯	150元
29.愛與性心理測驗	小毛驢編譯	130元
30.刑案推理解謎	小毛驢編譯	180元
31.偵探常識推理	小毛驢編譯	180元
32.偵探常識解謎	小毛驢編譯	130元
33.偵探推理遊戲	小毛驢編譯	180元
34.趣味的超魔術	廖玉山編著	150元
35.趣味的珍奇發明	柯素娥編著	150元
36.登山用具與技巧	陳瑞菊編著	150元
37.性的漫談	蘇燕謀編著	180元
38.無的漫談	蘇燕謀編著	180元
39.黑色漫談	蘇燕謀編著	180元
40.白色漫談	蘇燕謀編著	180元

・健康天地・電腦編號18

1. 壓力的預防與治療	柯素娥編譯	130元
2. 超科學氣的魔力	柯素娥編譯	130元
3. 尿療法治病的神奇	中尾良一著	130元
4. 鐵證如山的尿療法奇蹟	廖玉山譯	120元
5. 一日斷食健康法	葉慈容編譯	150元
6. 胃部強健法	陳炳崑譯	120元
7. 癌症早期檢查法	廖松濤譯	160元
8. 老人痴呆症防止法	柯素娥編譯	130元
9. 松葉汁健康飲料	陳麗芬編譯	130元
10. 揉肚臍健康法	永井秋夫著	150元
11. 過勞死、猝死的預防	卓秀貞編譯	130元
12. 高血壓治療與飲食	藤山順豐著	180元
13. 老人看護指南	柯素娥編譯	150元
14. 美容外科淺談	楊啓宏著	150元
15. 美容外科新境界	楊啓宏著	150元
16. 鹽是天然的醫生	西英司郎著	140元

17.	年輕十歲不是夢	梁瑞麟譯	200 元
18.	茶料理治百病	桑野和民著	180 元
19.	綠茶治病寶典	桑野和民著	150 元
20.	杜仲茶養顏減肥法	西田博著	170 元
21.	蜂膠驚人療效	瀨長良三郎著	180 元
22.	蜂膠治百病	瀨長良三郎著	180 元
23.	醫藥與生活	鄭炳全著	180 元
24.	鈣長生寶典	落合敏著	180 元
25.	大蒜長生寶典	木下繁太郎著	160 元
26.	居家自我健康檢查	石川恭三著	160 元
27.	永恆的健康人生	李秀鈴譯	200 元
28.	大豆卵磷脂長生寶典	劉雪卿譯	150 元
29.	芳香療法	梁艾琳譯	160 元
30.	醋長生寶典	柯素娥譯	180 元
31.	從星座透視健康	席拉・吉蒂斯著	180 元
32.	愉悅自在保健學	野本二士夫著	160 元
33.	裸睡健康法	丸山淳士等著	160 元
34.	糖尿病預防與治療	藤田順豐著	180 元
35.	維他命長生寶典	菅原明子著	180 元
36.	維他命 C 新效果	鐘文訓編	150 元
37.	手、腳病理按摩	堤芳朗著	160 元
38.	AIDS 瞭解與預防	彼得塔歇爾著	180 元
39.	甲殼質殼聚糖健康法	沈永嘉譯	160 元
40.	神經痛預防與治療	木下真男著	160 元
41.	室內身體鍛鍊法	陳炳崑編著	160 元
42.	吃出健康藥膳	劉大器編著	180 元
43.	自我指壓術	蘇燕謀編著	160 元
44.	紅蘿蔔汁斷食療法	李玉瓊編著	150 元
45.	洗心術健康秘法	竺翠萍編譯	170 元
46.	枇杷葉健康療法	柯素娥編譯	180 元
47.	抗衰血癒	楊啓宏著	180 元
48.	與癌搏鬥記	逸見政孝著	180 元
49.	冬蟲夏草長生寶典	高橋義博著	170 元
50.	痔瘡・大腸疾病先端療法	宮島伸宜著	180 元
51.	膠布治癒頑固慢性病	加瀨建造著	180 元
52.	芝麻神奇健康法	小林貞作著	170 元
53.	香煙能防止癡呆？	高田明和著	180 元
54.	穀菜食治癌療法	佐藤成志著	180 元
55.	貼藥健康法	松原英多著	180 元
56.	克服癌症調和道呼吸法	帶津良一著	180 元
57.	B 型肝炎預防與治療	野村喜重郎著	180 元
58.	青春永駐養生導引術	早島正雄著	180 元
59.	改變呼吸法創造健康	原久子著	180 元
60.	荷爾蒙平衡養生秘訣	出村博著	180 元

61. 水美肌健康法	井戶勝富著	170 元
62. 認識食物掌握健康	廖梅珠編著	170 元
63. 痛風劇痛消除法	鈴木吉彥著	180 元
64. 酸莖菌驚人療效	上田明彥著	180 元
65. 大豆卵磷脂治現代病	神津健一著	200 元
66. 時辰療法—危險時刻凌晨 4 時	呂建強等著	180 元
67. 自然治癒力提升法	帶津良一著	180 元
68. 巧妙的氣保健法	藤平墨子著	180 元
69. 治癒 C 型肝炎	熊田博光著	180 元
70. 肝臟病預防與治療	劉名揚編著	180 元
71. 腰痛平衡療法	荒井政信著	180 元
72. 根治多汗症、狐臭	稻葉益巳著	220 元
73. 40 歲以後的骨質疏鬆症	沈永嘉譯	180 元
74. 認識中藥	松下一成著	180 元
75. 認識氣的科學	佐佐木茂美著	180 元
76. 我戰勝了癌症	安田伸著	180 元
77. 斑點是身心的危險信號	中野進著	180 元
78. 艾波拉病毒大震撼	玉川重德著	180 元
79. 重新還我黑髮	桑名隆一郎著	180 元
80. 身體節律與健康	林博史著	180 元
81. 生薑治萬病	石原結實著	180 元
82. 靈芝治百病	陳瑞東著	180 元
83. 木炭驚人的威力	大槻彰著	200 元
84. 認識活性氧	井土貴司著	180 元
85. 深海鮫治百病	廖玉山編著	180 元
86. 神奇的蜂王乳	井上丹治著	180 元
87. 卡拉 OK 健腦法	東潔著	180 元
88. 卡拉 OK 健康法	福田伴男著	180 元
89. 醫藥與生活	鄭炳全著	200 元
90. 洋蔥治百病	宮尾興平著	180 元
91. 年輕 10 歲快步健康法	石塚忠雄著	180 元
92. 石榴的驚人神效	岡本順子著	180 元
93. 飲料健康法	白鳥早奈英著	180 元
94. 健康棒體操	劉名揚編譯	180 元
95. 催眠健康法	蕭京凌編著	180 元
96. 鬱金（美王）治百病	水野修一著	180 元
97. 醫藥與生活	鄭炳全著	200 元

・實用女性學講座・電腦編號 19

1. 解讀女性內心世界	島田一男著	150 元
2. 塑造成熟的女性	島田一男著	150 元
3. 女性整體裝扮學	黃靜香編著	180 元
4. 女性應對禮儀	黃靜香編著	180 元

5.	女性婚前必修	小野十傳著	200 元
6.	徹底瞭解女人	田口二州著	180 元
7.	拆穿女性謊言 88 招	島田一男著	200 元
8.	解讀女人心	島田一男著	200 元
9.	俘獲女性絕招	志賀貢著	200 元
10.	愛情的壓力解套	中村理英子著	200 元
11.	妳是人見人愛的女孩	廖松濤編著	200 元

・校園系列・電腦編號 20

1.	讀書集中術	多湖輝著	180 元
2.	應考的訣竅	多湖輝著	150 元
3.	輕鬆讀書贏得聯考	多湖輝著	150 元
4.	讀書記憶秘訣	多湖輝著	180 元
5.	視力恢復！超速讀術	江錦雲譯	180 元
6.	讀書 36 計	黃柏松編著	180 元
7.	驚人的速讀術	鐘文訓編著	170 元
8.	學生課業輔導良方	多湖輝著	180 元
9.	超速讀超記憶法	廖松濤編著	180 元
10.	速算解題技巧	宋釗宜編著	200 元
11.	看圖學英文	陳炳崑編著	200 元
12.	讓孩子最喜歡數學	沈永嘉譯	180 元
13.	催眠記憶術	林碧清譯	180 元
14.	催眠速讀術	林碧清譯	180 元
15.	數學式思考學習法	劉淑錦譯	200 元
16.	考試憑要領	劉孝暉著	180 元
17.	事半功倍讀書法	王毅希著	200 元
18.	超金榜題名術	陳蒼杰譯	200 元
19.	靈活記憶術	林耀慶編著	180 元

・實用心理學講座・電腦編號 21

1.	拆穿欺騙伎倆	多湖輝著	140 元
2.	創造好構想	多湖輝著	140 元
3.	面對面心理術	多湖輝著	160 元
4.	偽裝心理術	多湖輝著	140 元
5.	透視人性弱點	多湖輝著	140 元
6.	自我表現術	多湖輝著	180 元
7.	不可思議的人性心理	多湖輝著	180 元
8.	催眠術入門	多湖輝著	150 元
9.	責罵部屬的藝術	多湖輝著	150 元
10.	精神力	多湖輝著	150 元
11.	厚黑說服術	多湖輝著	150 元

12. 集中力	多湖輝著	150 元
13. 構想力	多湖輝著	150 元
14. 深層心理術	多湖輝著	160 元
15. 深層語言術	多湖輝著	160 元
16. 深層說服術	多湖輝著	180 元
17. 掌握潛在心理	多湖輝著	160 元
18. 洞悉心理陷阱	多湖輝著	180 元
19. 解讀金錢心理	多湖輝著	180 元
20. 拆穿語言圈套	多湖輝著	180 元
21. 語言的內心玄機	多湖輝著	180 元
22. 積極力	多湖輝著	180 元

・超現實心理講座・電腦編號 22

1. 超意識覺醒法	詹蔚芬編譯	130 元
2. 護摩秘法與人生	劉名揚編譯	130 元
3. 秘法！超級仙術入門	陸明譯	150 元
4. 給地球人的訊息	柯素娥編著	150 元
5. 密教的神通力	劉名揚編著	130 元
6. 神秘奇妙的世界	平川陽一著	200 元
7. 地球文明的超革命	吳秋嬌譯	200 元
8. 力量石的秘密	吳秋嬌譯	180 元
9. 超能力的靈異世界	馬小莉譯	200 元
10. 逃離地球毀滅的命運	吳秋嬌譯	200 元
11. 宇宙與地球終結之謎	南山宏著	200 元
12. 驚世奇功揭秘	傅起鳳著	200 元
13. 啟發身心潛力心象訓練法	栗田昌裕著	180 元
14. 仙道術遁甲法	高藤聰一郎著	220 元
15. 神通力的秘密	中岡俊哉著	180 元
16. 仙人成仙術	高藤聰一郎著	200 元
17. 仙道符咒氣功法	高藤聰一郎著	220 元
18. 仙道風水術尋龍法	高藤聰一郎著	200 元
19. 仙道奇蹟超幻像	高藤聰一郎著	200 元
20. 仙道鍊金術房中法	高藤聰一郎著	200 元
21. 奇蹟超醫療治癒難病	深野一幸著	220 元
22. 揭開月球的神秘力量	超科學研究會	180 元
23. 西藏密教奧義	高藤聰一郎著	250 元
24. 改變你的夢術入門	高藤聰一郎著	250 元
25. 21 世紀拯救地球超技術	深野一幸著	250 元

・養生保健・電腦編號 23

1. 醫療養生氣功	黃孝寬著	250 元

2.	中國氣功圖譜	余功保著	250元
3.	少林醫療氣功精粹	井玉蘭著	250元
4.	龍形實用氣功	吳大才等著	220元
5.	魚戲增視強身氣功	宮　嬰著	220元
6.	嚴新氣功	前新培金著	250元
7.	道家玄牝氣功	張　章著	200元
8.	仙家秘傳袪病功	李遠國著	160元
9.	少林十大健身功	秦慶豐著	180元
10.	中國自控氣功	張明武著	250元
11.	醫療防癌氣功	黃孝寬著	250元
12.	醫療強身氣功	黃孝寬著	250元
13.	醫療點穴氣功	黃孝寬著	250元
14.	中國八卦如意功	趙維漢著	180元
15.	正宗馬禮堂養氣功	馬禮堂著	420元
16.	秘傳道家筋經內丹功	王慶餘著	280元
17.	三元開慧功	辛桂林著	250元
18.	防癌治癌新氣功	郭　林著	180元
19.	禪定與佛家氣功修煉	劉天君著	200元
20.	顛倒之術	梅自強著	360元
21.	簡明氣功辭典	吳家駿編	360元
22.	八卦三合功	張全亮著	230元
23.	朱砂掌健身養生功	楊永著	250元
24.	抗老功	陳九鶴著	230元
25.	意氣按穴排濁自療法	黃啓運編著	250元
26.	陳式太極拳養生功	陳正雷著	200元
27.	健身袪病小功法	王培生著	200元
28.	張式太極混元功	張春銘著	250元
29.	中國璇密功	羅琴編著	250元
30.	中國少林禪密功	齊飛龍著	200元
31.	郭林新氣功	郭林新氣功研究所	400元

・社會人智囊・電腦編號 24

1.	糾紛談判術	清水增三著	160元
2.	創造關鍵術	淺野八郎著	150元
3.	觀人術	淺野八郎著	200元
4.	應急詭辯術	廖英迪編著	160元
5.	天才家學習術	木原武一著	160元
6.	貓型狗式鑑人術	淺野八郎著	180元
7.	逆轉運掌握術	淺野八郎著	180元
8.	人際圓融術	澀谷昌三著	160元
9.	解讀人心術	淺野八郎著	180元
10.	與上司水乳交融術	秋元隆司著	180元
11.	男女心態定律	小田晉著	180元

12. 幽默說話術	林振輝編著	200 元
13. 人能信賴幾分	淺野八郎著	180 元
14. 我一定能成功	李玉瓊譯	180 元
15. 獻給青年的嘉言	陳蒼杰譯	180 元
16. 知人、知面、知其心	林振輝編著	180 元
17. 塑造堅強的個性	坂上肇著	180 元
18. 爲自己而活	佐藤綾子著	180 元
19. 未來十年與愉快生活有約	船井幸雄著	180 元
20. 超級銷售話術	杜秀卿譯	180 元
21. 感性培育術	黃靜香編著	180 元
22. 公司新鮮人的禮儀規範	蔡媛惠譯	180 元
23. 傑出職員鍛鍊術	佐佐木正著	180 元
24. 面談獲勝戰略	李芳黛譯	180 元
25. 金玉良言撼人心	森純大著	180 元
26. 男女幽默趣典	劉華亭編著	180 元
27. 機智說話術	劉華亭編著	180 元
28. 心理諮商室	柯素娥譯	180 元
29. 如何在公司崢嶸頭角	佐佐木正著	180 元
30. 機智應對術	李玉瓊編著	200 元
31. 克服低潮良方	坂野雄二著	180 元
32. 智慧型說話技巧	沈永嘉編著	180 元
33. 記憶力、集中力增進術	廖松濤編著	180 元
34. 女職員培育術	林慶旺編著	180 元
35. 自我介紹與社交禮儀	柯素娥編著	180 元
36. 積極生活創幸福	田中真澄著	180 元
37. 妙點子超構想	多湖輝著	180 元
38. 說 NO 的技巧	廖玉山編著	180 元
39. 一流說服力	李玉瓊編著	180 元
40. 般若心經成功哲學	陳鴻蘭編著	180 元
41. 訪問推銷術	黃靜香編著	180 元
42. 男性成功秘訣	陳蒼杰編著	180 元
43. 笑容、人際智商	宮川澄子著	180 元
44. 多湖輝的構想工作室	多湖輝著	200 元
45. 名人名語啓示錄	喬家楓著	180 元
46. 口才必勝術	黃柏松編著	220 元
47. 能言善道的說話術	章智冠編著	180 元
48. 改變人心成爲贏家	多湖輝著	200 元
49. 說服的ＩＱ	沈永嘉譯	200 元
50. 提升腦力超速讀術	齊藤英治著	200 元
51. 操控對手百戰百勝	多湖輝著	200 元
52. 面試成功戰略	柯素娥編著	200 元
53. 摸透男人心	劉華亭編著	180 元
54. 撼動人心優勢口才	龔伯牧編著	180 元
55. 如何使對方說 yes	程　羲編著	200 元

56.	小道理・美好人生	林政峰編著	180 元
57.	拿破崙智慧箴言	柯素娥編著	200 元

・精 選 系 列・電腦編號 25

1.	毛澤東與鄧小平	渡邊利夫等著	280 元
2.	中國大崩裂	江戶介雄著	180 元
3.	台灣・亞洲奇蹟	上村幸治著	220 元
4.	7-ELEVEN 高盈收策略	國友隆一著	180 元
5.	台灣獨立（新・中國日本戰爭一）	森詠著	200 元
6.	迷失中國的末路	江戶雄介著	220 元
7.	2000 年 5 月全世界毀滅	紫藤甲子男著	180 元
8.	失去鄧小平的中國	小島朋之著	220 元
9.	世界史爭議性異人傳	桐生操著	200 元
10.	淨化心靈享人生	松濤弘道著	220 元
11.	人生心情診斷	賴藤和寬著	220 元
12.	中美大決戰	檜山良昭著	220 元
13.	黃昏帝國美國	莊雯琳譯	220 元
14.	兩岸衝突（新・中國日本戰爭二）	森詠著	220 元
15.	封鎖台灣（新・中國日本戰爭三）	森詠著	220 元
16.	中國分裂（新・中國日本戰爭四）	森詠著	220 元
17.	由女變男的我	虎井正衛著	200 元
18.	佛學的安心立命	松濤弘道著	220 元
19.	世界喪禮大觀	松濤弘道著	280 元
20.	中國內戰（新・中國日本戰爭五）	森詠著	220 元
21.	台灣內亂（新・中國日本戰爭六）	森詠著	220 元
22.	琉球戰爭①（新・中國日本戰爭七）	森詠著	220 元
23.	琉球戰爭②（新・中國日本戰爭八）	森詠著	220 元

・運 動 遊 戲・電腦編號 26

1.	雙人運動	李玉瓊譯	160 元
2.	愉快的跳繩運動	廖玉山譯	180 元
3.	運動會項目精選	王佑京譯	150 元
4.	肋木運動	廖玉山譯	150 元
5.	測力運動	王佑宗譯	150 元
6.	游泳入門	唐桂萍編著	200 元
7.	帆板衝浪	王勝利譯	300 元

・休 閒 娛 樂・電腦編號 27

1.	海水魚飼養法	田中智浩著	300 元
2.	金魚飼養法	曾雪玫譯	250 元

3.	熱門海水魚	毛利匡明著	480 元
4.	愛犬的教養與訓練	池田好雄著	250 元
5.	狗教養與疾病	杉浦哲著	220 元
6.	小動物養育技巧	三上昇著	300 元
7.	水草選擇、培育、消遣	安齊裕司著	300 元
8.	四季釣魚法	釣朋會著	200 元
9.	簡易釣魚入門	張果馨譯	200 元
10.	防波堤釣入門	張果馨譯	220 元
11.	透析愛犬習性	沈永嘉譯	200 元
20.	園藝植物管理	船越亮二著	220 元
21.	實用家庭菜園ＤＩＹ	孔翔儀著	200 元
30.	汽車急救ＤＩＹ	陳瑞雄編著	200 元
31.	巴士旅行遊戲	陳羲編著	180 元
32.	測驗你的ＩＱ	蕭京凌編著	180 元
33.	益智數字遊戲	廖玉山編著	180 元
40.	撲克牌遊戲與贏牌秘訣	林振輝編著	180 元
41.	撲克牌魔術、算命、遊戲	林振輝編著	180 元
42.	撲克占卜入門	王家成編著	180 元
50.	兩性幽默	幽默選集編輯組	180 元
51.	異色幽默	幽默選集編輯組	180 元

・銀髮族智慧學・電腦編號 28

1.	銀髮六十樂逍遙	多湖輝著	170 元
2.	人生六十反年輕	多湖輝著	170 元
3.	六十歲的決斷	多湖輝著	170 元
4.	銀髮族健身指南	孫瑞台編著	250 元
5.	退休後的夫妻健康生活	施聖茹譯	200 元

・飲 食 保 健・電腦編號 29

1.	自己製作健康茶	大海淳著	220 元
2.	好吃、具藥效茶料理	德永睦子著	220 元
3.	改善慢性病健康藥草茶	吳秋嬌譯	200 元
4.	藥酒與健康果菜汁	成玉編著	250 元
5.	家庭保健養生湯	馬汴梁編著	220 元
6.	降低膽固醇的飲食	早川和志著	200 元
7.	女性癌症的飲食	女子營養大學	280 元
8.	痛風者的飲食	女子營養大學	280 元
9.	貧血者的飲食	女子營養大學	280 元
10.	高脂血症者的飲食	女子營養大學	280 元
11.	男性癌症的飲食	女子營養大學	280 元
12.	過敏者的飲食	女子營養大學	280 元

13. 心臟病的飲食	女子營養大學	280 元
14. 滋陰壯陽的飲食	王增著	220 元
15. 胃、十二指腸潰瘍的飲食	勝健一等著	280 元
16. 肥胖者的飲食	雨宮禎子等著	280 元
17. 癌症有效的飲食	河內卓等著	280 元
18. 糖尿病有效的飲食	山田信博等著	280 元

・家庭醫學保健・電腦編號 30

1. 女性醫學大全	雨森良彥著	380 元
2. 初為人父育兒寶典	小瀧周曹著	220 元
3. 性活力強健法	相建華著	220 元
4. 30 歲以上的懷孕與生產	李芳黛編著	220 元
5. 舒適的女性更年期	野末悅子著	200 元
6. 夫妻前戲的技巧	笠井寬司著	200 元
7. 病理足穴按摩	金慧明著	220 元
8. 爸爸的更年期	河野孝旺著	200 元
9. 橡皮帶健康法	山田晶著	180 元
10. 三十三天健美減肥	相建華等著	180 元
11. 男性健美入門	孫玉祿編著	180 元
12. 強化肝臟秘訣	主婦 友社編	200 元
13. 了解藥物副作用	張果馨譯	200 元
14. 女性醫學小百科	松山榮吉著	200 元
15. 左轉健康法	龜田修等著	200 元
16. 實用天然藥物	鄭炳全編著	260 元
17. 神秘無痛平衡療法	林宗駛著	180 元
18. 膝蓋健康法	張果馨譯	180 元
19. 針灸治百病	葛書翰著	250 元
20. 異位性皮膚炎治癒法	吳秋嬌譯	220 元
21. 禿髮白髮預防與治療	陳炳崑編著	180 元
22. 埃及皇宮菜健康法	飯森薰著	200 元
23. 肝臟病安心治療	上野幸久著	220 元
24. 耳穴治百病	陳抗美等著	250 元
25. 高效果指壓法	五十嵐康彥著	200 元
26. 瘦水、胖水	鈴木園子著	200 元
27. 手針新療法	朱振華著	200 元
28. 香港腳預防與治療	劉小惠譯	250 元
29. 智慧飲食吃出健康	柯富陽編著	200 元
30. 牙齒保健法	廖玉山編著	200 元
31. 恢復元氣養生食	張果馨譯	200 元
32. 特效推拿按摩術	李玉田著	200 元
33. 一週一次健康法	若狹真著	200 元
34. 家常科學膳食	大塚滋著	220 元
35. 夫妻們閱讀的男性不孕	原利夫著	220 元

36. 自我瘦身美容	馬野詠子著	200 元
37. 魔法姿勢益健康	五十嵐康彥著	200 元
38. 眼病錘療法	馬栩周著	200 元
39. 預防骨質疏鬆症	藤田拓男著	200 元
40. 骨質增生效驗方	李吉茂編著	250 元
41. 蕺菜健康法	小林正夫著	200 元
42. 赧於啓齒的男性煩惱	增田豐著	220 元
43. 簡易自我健康檢查	稻葉允著	250 元
44. 實用花草健康法	友田純子著	200 元
45. 神奇的手掌療法	日比野喬著	230 元
46. 家庭式三大穴道療法	刑部忠和著	200 元
47. 子宮癌、卵巢癌	岡島弘幸著	220 元
48. 糖尿病機能性食品	劉雪卿編著	220 元
49. 奇蹟活現經脈美容法	林振輝編譯	200 元
50. Super SEX	秋好憲一著	220 元
51. 了解避孕丸	林玉佩譯	200 元
52. 有趣的遺傳學	蕭京凌編著	200 元
53. 強身健腦手指運動	羅群等著	250 元
54. 小周天健康法	莊雯琳譯	200 元
55. 中西醫結合醫療	陳蒼杰譯	200 元
56. 沐浴健康法	楊鴻儒譯	200 元
57. 節食瘦身秘訣	張芷欣編著	200 元
58. 酵素健康法	楊皓譯	200 元
59. 一天 10 分鐘健康太極拳	劉小惠譯	250 元
60. 中老年人疲勞消除法	五味雅吉著	220 元
61. 與齲齒訣別	楊鴻儒譯	220 元
62. 禪宗自然養生法	費德漢編著	200 元
63. 女性切身醫學	編輯群編	200 元
64. 乳癌發現與治療	黃靜香編著	200 元
65. 做媽媽之前的孕婦日記	林慈姮編著	180 元
66. 從誕生到一歲的嬰兒日記	林慈姮編著	180 元
67. 6 個月輕鬆增高	江秀珍譯	200 元

・超經營新智慧・電腦編號 31

1. 躍動的國家越南	林雅倩譯	250 元
2. 甦醒的小龍菲律賓	林雅倩譯	220 元
3. 中國的危機與商機	中江要介著	250 元
4. 在印度的成功智慧	山內利男著	220 元
5. 7-ELEVEN 大革命	村上豐道著	200 元
6. 業務員成功秘方	呂育清編著	200 元
7. 在亞洲成功的智慧	鈴木讓二著	220 元
8. 圖解活用經營管理	山際有文著	220 元
9. 速效行銷學	江尻弘著	220 元

10. 猶太成功商法　周蓮芬編著　200 元
11. 工廠管理新手法　黃柏松編著　220 元
12. 成功隨時掌握在凡人手中　竹村健一著　220 元
13. 服務・所以成功　中谷彰宏著　200 元

・親子系列・電腦編號 32

1. 如何使孩子出人頭地　多湖輝著　200 元
2. 心靈啓蒙教育　多湖輝著　280 元
3. 如何使孩子數學滿分　林明嬋編著　180 元
4. 終身受用的學習秘訣　李芳黛譯　200 元
5. 數學疑問破解　陳蒼杰譯　200 元

・雅致系列・電腦編號 33

1. 健康食譜春冬篇　丸元淑生著　200 元
2. 健康食譜夏秋篇　丸元淑生著　200 元
3. 純正家庭料理　陳建民等著　200 元
4. 家庭四川菜　陳建民著　200 元
5. 醫食同源健康美食　郭長聚著　200 元
6. 家族健康食譜　東畑朝子著　200 元

・美術系列・電腦編號 34

1. 可愛插畫集　鉛筆等著　220 元
2. 人物插畫集　鉛筆等著　180 元

・勞作系列・電腦編號 35

1. 活動玩具ＤＩＹ　李芳黛譯　230 元
2. 組合玩具ＤＩＹ　李芳黛譯　230 元
3. 花草遊戲ＤＩＹ　張果馨譯　250 元

・元氣系列・電腦編號 36

1. 神奇大麥嫩葉「綠效末」　山田耕路著　200 元
2. 高麗菜發酵精的功效　大澤俊彥著　200 元

・心 靈 雅 集・電腦編號 00

1. 禪言佛語看人生　松濤弘道著　180 元
2. 禪密教的奧秘　葉逯謙譯　120 元

3.	觀音大法力	田口日勝著	120 元
4.	觀音法力的大功德	田口日勝著	120 元
5.	達摩禪 106 智慧	劉華亭編譯	220 元
6.	有趣的佛教研究	葉逯謙編譯	170 元
7.	夢的開運法	蕭京凌譯	180 元
8.	禪學智慧	柯素娥編譯	130 元
9.	女性佛教入門	許俐萍譯	110 元
10.	佛像小百科	心靈雅集編譯組	130 元
11.	佛教小百科趣談	心靈雅集編譯組	120 元
12.	佛教小百科漫談	心靈雅集編譯組	150 元
13.	佛教知識小百科	心靈雅集編譯組	150 元
14.	佛學名言智慧	松濤弘道著	220 元
15.	釋迦名言智慧	松濤弘道著	220 元
16.	活人禪	平田精耕著	120 元
17.	坐禪入門	柯素娥編譯	150 元
18.	現代禪悟	柯素娥編譯	130 元
19.	道元禪師語錄	心靈雅集編譯組	130 元
20.	佛學經典指南	心靈雅集編譯組	130 元
21.	何謂「生」阿含經	心靈雅集編譯組	150 元
22.	一切皆空　般若心經	心靈雅集編譯組	180 元
23.	超越迷惘　法句經	心靈雅集編譯組	130 元
24.	開拓宇宙觀　華嚴經	心靈雅集編譯組	180 元
25.	真實之道　法華經	心靈雅集編譯組	130 元
26.	自由自在　涅槃經	心靈雅集編譯組	180 元
27.	沈默的教示　維摩經	心靈雅集編譯組	150 元
28.	開通心眼　佛語佛戒	心靈雅集編譯組	130 元
29.	揭秘寶庫　密教經典	心靈雅集編譯組	180 元
30.	坐禪與養生	廖松濤譯	110 元
31.	釋尊十戒	柯素娥編譯	120 元
32.	佛法與神通	劉欣如編著	120 元
33.	悟（正法眼藏的世界）	柯素娥編譯	120 元
34.	只管打坐	劉欣如編著	120 元
35.	喬答摩・佛陀傳	劉欣如編著	120 元
36.	唐玄奘留學記	劉欣如編著	120 元
37.	佛教的人生觀	劉欣如編譯	110 元
38.	無門關(上卷)	心靈雅集編譯組	150 元
39.	無門關(下卷)	心靈雅集編譯組	150 元
40.	業的思想	劉欣如編著	130 元
41.	佛法難學嗎	劉欣如著	140 元
42.	佛法實用嗎	劉欣如著	140 元
43.	佛法殊勝嗎	劉欣如著	140 元
44.	因果報應法則	李常傳編	180 元
45.	佛教醫學的奧秘	劉欣如編著	150 元
46.	紅塵絕唱	海　若著	130 元

47. 佛教生活風情	洪丕謨、姜玉珍著	220元
48. 行住坐臥有佛法	劉欣如著	160元
49. 起心動念是佛法	劉欣如著	160元
50. 四字禪語	曹洞宗青年會	200元
51. 妙法蓮華經	劉欣如編著	160元
52. 根本佛教與大乘佛教	葉作森編	180元
53. 大乘佛經	定方晟著	180元
54. 須彌山與極樂世界	定方晟著	180元
55. 阿闍世的悟道	定方晟著	180元
56. 金剛經的生活智慧	劉欣如著	180元
57. 佛教與儒教	劉欣如編譯	180元
58. 佛教史入門	劉欣如編譯	180元
59. 印度佛教思想史	劉欣如編譯	200元
60. 佛教與女性	劉欣如編譯	180元
61. 禪與人生	洪丕謨主編	260元
62. 領悟佛經的智慧	劉欣如著	200元
63. 假相與實相	心靈雅集編	200元
64. 耶穌與佛陀	劉欣如著	200元

・經 營 管 理・電腦編號 01

◎ 創新經營管理六十六大計(精)	蔡弘文編	780元
1. 如何獲取生意情報	蘇燕謀譯	110元
2. 經濟常識問答	蘇燕謀譯	130元
4. 台灣商戰風雲錄	陳中雄著	120元
5. 推銷大王秘錄	原一平著	180元
6. 新創意・賺大錢	王家成譯	90元
10. 美國實業 24 小時	柯順隆譯	80元
11. 撼動人心的推銷法	原一平著	150元
12. 高竿經營法	蔡弘文編	120元
13. 如何掌握顧客	柯順隆譯	150元
17. 一流的管理	蔡弘文編	150元
18. 外國人看中韓經濟	劉華亭譯	150元
20. 突破商場人際學	林振輝編著	90元
22. 如何使女人打開錢包	林振輝編著	100元
24. 小公司經營策略	王嘉誠著	160元
25. 成功的會議技巧	鐘文訓編譯	100元
26. 新時代老闆學	黃柏松編著	100元
27. 如何創造商場智囊團	林振輝編譯	150元
28. 十分鐘推銷術	林振輝編譯	180元
29. 五分鐘育才	黃柏松編譯	100元
33. 自我經濟學	廖松濤編譯	100元
34. 一流的經營	陶田生編著	120元
35. 女性職員管理術	王昭國編譯	120元

36. ＩＢＭ的人事管理	鐘文訓編譯	150元
37. 現代電腦常識	王昭國編譯	150元
38. 電腦管理的危機	鐘文訓編譯	120元
39. 如何發揮廣告效果	王昭國編譯	150元
40. 最新管理技巧	王昭國編譯	150元
41. 一流推銷術	廖松濤編譯	150元
42. 包裝與促銷技巧	王昭國編譯	130元
43. 企業王國指揮塔	松下幸之助著	120元
44. 企業精銳兵團	松下幸之助著	120元
45. 企業人事管理	松下幸之助著	100元
46. 華僑經商致富術	廖松濤編譯	130元
47. 豐田式銷售技巧	廖松濤編譯	180元
48. 如何掌握銷售技巧	王昭國編著	130元
50. 洞燭機先的經營	鐘文訓編譯	150元
52. 新世紀的服務業	鐘文訓編譯	100元
53. 成功的領導者	廖松濤編譯	120元
54. 女推銷員成功術	李玉瓊編譯	130元
55. ＩＢＭ人才培育術	鐘文訓編譯	100元
56. 企業人自我突破法	黃琪輝編著	150元
58. 財富開發術	蔡弘文編著	130元
59. 成功的店舖設計	鐘文訓編著	150元
61. 企管回春法	蔡弘文編著	130元
62. 小企業經營指南	鐘文訓編譯	100元
63. 商場致勝名言	鐘文訓編譯	150元
64. 迎接商業新時代	廖松濤編譯	100元
66. 新手股票投資入門	何朝乾編著	200元
67. 上揚股與下跌股	何朝乾編譯	180元
68. 股票速成學	何朝乾編譯	200元
69. 理財與股票投資策略	黃俊豪編著	180元
70. 黃金投資策略	黃俊豪編著	180元
71. 厚黑管理學	廖松濤編譯	180元
72. 股市致勝格言	呂梅莎編譯	180元
73. 透視西武集團	林谷燁編譯	150元
76. 巡迴行銷術	陳蒼杰譯	150元
77. 推銷的魔術	王嘉誠譯	120元
78. 60秒指導部屬	周蓮芬編譯	150元
79. 精銳女推銷員特訓	李玉瓊編譯	130元
80. 企劃、提案、報告圖表的技巧	鄭汶譯	180元
81. 海外不動產投資	許達守編譯	150元
82. 八百伴的世界策略	李玉瓊譯	150元
83. 服務業品質管理	吳宜芬譯	180元
84. 零庫存銷售	黃東謙編譯	150元
85. 三分鐘推銷管理	劉名揚編譯	150元
86. 推銷大王奮鬥史	原一平著	150元

87. 豐田汽車的生產管理	林谷燁編譯	200元

・成功寶庫・電腦編號02

1. 上班族交際術	江森滋著	100元
2. 拍馬屁訣竅	廖玉山編譯	110元
4. 聽話的藝術	歐陽輝編譯	110元
9. 求職轉業成功術	陳義編著	110元
10. 上班族禮儀	廖玉山編著	120元
11. 接近心理學	李玉瓊編著	100元
12. 創造自信的新人生	廖松濤編著	120元
15. 神奇瞬間瞑想法	廖松濤編譯	100元
16. 人生成功之鑰	楊意苓編著	150元
19. 給企業人的諍言	鐘文訓編著	120元
20. 企業家自律訓練法	陳義編譯	100元
21. 上班族妖怪學	廖松濤編著	100元
22. 猶太人縱橫世界的奇蹟	孟佑政編著	110元
25. 你是上班族中強者	嚴思圖編著	100元
30. 成功頓悟100則	蕭京凌編譯	130元
32. 知性幽默	李玉瓊編譯	130元
33. 熟記對方絕招	黃靜香編譯	100元
37. 察言觀色的技巧	劉華亭編著	180元
38. 一流領導力	施義彥編譯	120元
40. 30秒鐘推銷術	廖松濤編譯	150元
42. 尖端時代行銷策略	陳蒼杰編著	100元
43. 顧客管理學	廖松濤編著	100元
47. 上班族口才學	楊鴻儒譯	120元
48. 上班族新鮮人須知	程羲編著	120元
49. 如何左右逢源	程羲編著	130元
50. 語言的心理戰	多湖輝著	130元
55. 性惡企業管理學	陳蒼杰譯	130元
56. 自我啓發200招	楊鴻儒編著	150元
57. 做個傑出女職員	劉名揚編著	130元
58. 靈活的集團營運術	楊鴻儒編著	120元
60. 個案研究活用法	楊鴻儒編著	130元
61. 企業教育訓練遊戲	楊鴻儒編著	120元
62. 管理者的智慧	程義編譯	130元
63. 做個佼佼管理者	馬筱莉編譯	130元
67. 活用禪學於企業	柯素娥編譯	130元
69. 幽默詭辯術	廖玉山編譯	150元
71.自我培育・超越	蕭京凌編譯	150元
74. 時間即一切	沈永嘉編譯	130元
75. 自我脫胎換骨	柯素娥譯	150元
76. 贏在起跑點　人才培育鐵則	楊鴻儒編譯	150元

77. 做一枚活棋	李玉瓊編譯	130元
81. 瞬間攻破心防法	廖玉山編譯	120元
82. 改變一生的名言	李玉瓊編譯	130元
83. 性格性向創前程	楊鴻儒編譯	130元
84. 訪問行銷新竅門	廖玉山編譯	150元
85. 無所不達的推銷話術	李玉瓊編譯	150元

・處世智慧・電腦編號03

1. 如何改變你自己	陸明編譯	120元
6. 靈感成功術	譚繼山編譯	80元
8. 扭轉一生的五分鐘	黃柏松編譯	100元
10. 現代人的詭計	林振輝譯	100元
14. 女性的智慧	譚繼山編譯	90元
16. 人生的體驗	陸明編譯	80元
18. 幽默吹牛術	金子登著	90元
24. 慧心良言	亦奇著	80元
25. 名家慧語	蔡逸鴻主編	90元
28. 如何發揮你的潛能	陸明編譯	90元
29. 女人身態語言學	李常傳譯	130元
30. 摸透女人心	張文志譯	90元
32. 給女人的悄悄話	妮倩編譯	90元
36. 成功的捷徑	鐘文訓譯	70元
37. 幽默逗笑術	林振輝著	120元
38. 活用血型讀書法	陳炳崑譯	80元
39. 心　燈	葉于模著	100元
41. 心・體・命運	蘇燕謀譯	70元
43. 宮本武藏五輪書金言錄	宮本武藏著	100元
47. 成熟的愛	林振輝譯	120元
48. 現代女性駕馭術	蔡德華著	90元
49. 禁忌遊戲	酒井潔著	90元
53. 如何達成願望	謝世輝著	90元
54. 創造奇蹟的「想念法」	謝世輝著	90元
55. 創造成功奇蹟	謝世輝著	90元
57. 幻想與成功	廖松濤譯	80元
58. 反派角色的啓示	廖松濤編譯	70元
59. 現代女性須知	劉華亭編著	75元
62. 如何突破內向	姜倩怡編譯	110元
64. 讀心術入門	王家成編譯	100元
65. 如何解除內心壓力	林美羽編著	110元
66. 取信於人的技巧	多湖輝著	110元
68. 自我能力的開拓	卓一凡編著	110元
70. 縱橫交涉術	嚴思圖編著	90元
71. 如何培養妳的魅力	劉文珊編著	90元

國家圖書館出版品預行編目資料

迴向與開悟／劉欣如編著
－初版－臺北市，大展，民 90
面；21 公分－（心靈雅集；65）
ISBN 957-468-055-X（平裝）
1. 佛教—哲學，原理　2. 宗教　比較研究
220.11　　89019042

迴向與開悟

ISBN 957-468-055-X

編　　著／劉 欣 如
發 行 人／蔡 森 明
出 版 者／大展出版社有限公司
社　　址／台北市北投區（石牌）致遠一路 2 段 12 巷 1 號
電　　話／(02) 28236031・28236033・28233123
傳　　真／(02) 28272069
郵政劃撥／01669551
E-mail／dah-jaan@ms9.tisnet.net.tw
登 記 證／局版臺業字第 2171 號
承 印 者／高星印刷品行
裝　　訂／日新裝訂所
排 版 者／千兵企業有限公司
初版 1 刷／2001 年（民 90 年） 2 月
初版 2 刷／2001 年（民 90 年） 4 月

定　價／200 元

大展好書 好書大展